지적인 어른을 위한

최소한의
교양수업

일러두기

◈본문의 주석은 편집자 주입니다.
◈원서의 괄호 내용은 ( )로 표시하였고, 작은 괄호는 뜻풀이입니다.
◈추천 도서의 번역본이 없는 경우 국내 참고 도서를 표기하였습니다.

평생의 무기가 되는 5가지 불변의 지식

지적인 어른을 위한 최소한의 교양수업

사이토 다카시 지음 | 신찬 옮김

더퀘스트

추천의 글

교양이 풍부하다는 것은 단순히 퀴즈 풀듯 정답만 답하는 것이 아니다. 교양이 풍부한 사람이 되고 싶다면, 사이토 다카시가 수많은 베스트셀러를 생산하며 자신의 삶으로 이미 보여준 것처럼, 서로 전혀 관련이 없어 보이는 지식을 연결해서 새로운 것을 제시할 수 있는 사람이어야 한다. 이 책을 통해 여러분은 그 원리를 이해할 수 있게 될 것이고, 그 원리를 작동하게 돕는 최소한의 5가지 필수교양까지 내면에 담을 수 있다.

김종원(작가)

아는 만큼 보입니다. 그런 의미에서 이 책은 렌즈와도 같습니다. 그동안 여러분이 '몰라서' 보이지 않았던 돈, 종교, 철학, 역사, 예술의 윤곽을 선명하게 잡아가는 데에 도움을 줄 거거든요.
쉽지만 가볍지는 않은 이 책의 내용을 따라가다 보면, 머릿속의 창고가 차곡차곡 채워져 다른 사람과 이야기를 나눌 때 하나씩 꺼내 쓸 수 있을 겁니다. 우리 주변에 항상 존재하는 것들의 가치를 더 많이 느끼고 싶다면, 또 그 어떤 누구와도 풍부한 대화를 이어가고 싶다면 이 책을 추천합니다.

'밍찌' 차민진(크리에이터)

'개념'은 곧 세상을 보는 눈이다. 이 책은 모호한 개념을 명료하게 재정의하여 불규칙적이고 예측할 수 없는 세상을 일정한 체계를 통해 다시 볼 수 있게 해준다. '복잡'한 것을 '복합'적인 것으로 바꾸어 볼 수 있는 눈을 길러주는 책.

이윤규(변호사)

대체될 수 없는 사람이 되고 싶다면 꼭 봐야 할 책!
돈과 투자부터 전쟁과 미술까지, 같은 문제를 전혀 다른 시각으로 보게 된다. 읽는 내내 거장의 수업을 일대일로 받는 기분이었다.

주언규(PD)

한국의 독자 여러분, 반갑습니다. 이번에《지적인 어른을 위한 최소한의 교양수업》이 한국어로 번역된 것을 매우 기쁘게 생각합니다. 지금껏 고맙게도 많은 분들이 저의 책을 읽어주셨고, 한국 독자들이 교양을 보다 높이고 싶은 의욕을 지녔다는 것을 전부터 느끼고 있습니다.

앞으로의 시대에 왜 교양이 필요한가 하면, 생성형 AI의 진화나 세계 경제의 움직임 등 세상의 변화가 극심하기 때문이라고 말할 수 있습니다. 그 가운데서 우리 모두는 가치 있는 인생을 바라며 살고 있습니다.

그러나 시대의 흐름은 너무나 빠르고 가치관도 점점 바뀌어갑니다. 그런 때에, 파도에 떠밀려 배가 이리저리 흘러가는 것이 아니라 닻을 내린 상태로 머물 수 있는 힘, 발을 꾹 디디고 버틸 수 있는 힘이야말로 현대를 사는 사람이 놓쳐서는 안 될 '교양의 힘'이라고 생각합니다.

고대 그리스 이래 2500년의 역사가 있는 철학도, 공자의 사상이나 부처의 말씀도 아주 오래 전부터 계승되어온 세상에 대한 사고방식들입니다. 정신문화라고 부를 수 있는 이 생각들은 앞으로의 시대에도 굳건한 토대가 될 것입니다.

정신의 문화는 개인이 만드는 것이 아니라 수천 년에 걸쳐 쌓아온 인류의 재산입니다. 그렇기에 익혀두면 마음이 안정을 찾는다는 장점이 있습니다.

저는 한국 분들은 매우 공부를 열심히 하고 우수하다는 인상을 가지고 있습니다. 그 이유로 에피소드 하나를 소개하겠습니다. 제가 도쿄대학 대학원에 다닐 때, 많은 한국 유학생이 일본어로 진행되는 대학원의 고급 세미나에서 완벽한 일본어로 수준 높은 대화를 하고 있었습니다.

어떻게 그 정도로 일본어를 잘할 수 있는지, 어떻게 그렇게 지식이 많은지 물어봤는데,《대망》이라는 수십 권에 걸친 일본어 책을 읽었다는 이야기들을 그 학생은 들려주었습니다.

한국과 일본이 가진 공통점은 이 같은 진지한 국민성이 아닐까요? 그리고 진지한 만큼 삶이 피곤해지는 순간도 많을 것입니다. 경제는 점점 변화해갈 것이며 일본과 마찬가지로 한국에서도 저출생 등이 문제시되고 있을 것입니다. 더 큰 관점에서는, 나라가 가고 있는 방향에 대한 걱정도 있을지 모릅니다.

그런 때야말로 침착하게 생각하는 힘이 중요하다고 생각합니다. 사물을 차분하게 생각하기 위해서는 역시 지금까지의 역사를 알고, 예술적인 감성과 철학, 사상이라는 기둥을 갖추어야 합니다. 더불어 현실적인 돈 문제에 대해서도 다양한 교양을 익힌다면 결과적으로 마음이 안정되지 않을까요? 궁극적으로는, 이 세상에 살고 있는 자기 자신의 의미도 재확인할 수 있다고 저는 생각하고 있습니다.

한국과 일본은 중국을 포함하여 동아시아 문화권이며 공통의 기반 같은 것이 있다는 생각이 듭니다. 예를 들어 공자에게서 시작된 유교 사상이 있고, 한국은 현재는 한글을 쓰지만 한자 문화권이기도 했습니다.

앞서 언급한 저출생 문제와 같은 공통 과제 등 동아시아 문화권이기 때문에 서로 공유할 수 있는 점도 있다고 생각합니다. 국제적인 학력 테스트에서도 동아시아 학생들이 우수한 성적을 거두고 있습니다. 학력이 높은 한국에서, 좁은 의미의 학력뿐만 아니라 보다 고차원의 개념인 교양에 대해 관심이 높다는 소식에 저는 몹시 좋은 일이라고 느끼고 있습니다.

이 책을 쓸 때도 그러하고 저 자신은 시대를 초월해 보편성이 있는 내용을 추구해왔습니다. 보편적인 것을 접하면, 아득바득 눈앞의 일에만 허덕이며 살지 않아도 괜찮다고, 느긋하게 호흡하고 한 번 숨을 내쉬고 나서 시대를 마주보자고 격려받는 기분이 듭니다. 그것을 한국 독자 여러분도 느껴주시면 감사하겠습니다.

변화가 가속화되고 있는 오늘날, 10년 전에는 생각할 수 없었던 일들이 잇달아 일어나고 있습니다. 그러나 눈을 돌리고 외면하는 것도 좋은 방법은 아닙니다. 급한 흐름 속에서도 판단력을 잃지 않고 살아가기 위해서는 교양이라는 제대로 된 중심이 중요합니다. 교양이 있으면 가치관의 균형을 잡을 수 있지요. 어떤 일부만을 알고 있는 상태에서는 밸런스가 부족해 편견이 들어차고 맙니다. 여러 분야의 교양을 지닐 때 종합적인 가치 판단 능력이 자라는 것입니다.

중요한 건 경제이지 철학이나 사상, 예술 등은 필요 없다는 사람이 있을지도 모릅니다. 하지만 저는 단지 경제만으로 살 수 없다고 생각합니다. 사람의 일생이란 그보다 넓게 펼쳐져 있는 것이기 때문입니다. 그러므로 이 책이 여러분에게 가능한 한 폭넓은 교양을 선물하길 바라며, 교양 중에서도 중요한 다섯 개의 테마를 선정해 그 에센스를 한 권에 응축했습니다.

자, 그러면 균형 잡힌 교양과 더불어 기분 좋은 인생을 보내기 위한 힌트를 이 책과 함께 배워갑시다.

사이토 다카시 드림

교양은 단순한 지식이 아니다

이 책을 손에 든 여러분, 교양이 무엇이라고 생각하나요?

다음과 같은 문제가 있다고 합시다.

'거인 골리앗에 맞서 돌팔매를 든 다비드상, 성모 마리아가 죽은 예수를 무릎 위에 감싸 안은 피에타상, 자신의 풍성한 수염을 쓰다듬는 영웅 모세상을 제작한, 이탈리아 르네상스 시대의 천재 조각가는 누구인가?'

정답은 미켈란젤로입니다.

그런데 바로 대답할 수 있다고 해서 교양이 풍부하다고 할 수 있을까요?

단순히 퀴즈 풀듯 답한 것이라면 꼭 교양이 있다고 말하기는 어렵습니다. 교양이란 퀴즈처럼 일대일 대응 관계로 답할 수 있는 것이 아니라, 지식의 연결이기 때문이지요.

'구약성서의 출애굽기에 나오는 영웅 모세를 미켈란젤로는 조각으로 이렇게 표현했어. 그리고 프로이트는 이 조각을 보고 움직임을 기술적으로 표현한 다른 조각들과는 차원이 다르다고 평가했지.'

예를 들면 위와 같은 식으로 《구약성서》와 모세 이야기, 미켈란젤로 조각의 대단함, 그리고 프로이트에 이르기까지 여러 지식이 연결되어 있어야 인생에 풍요와 깊이를 더해주는 진짜 교양이라고 말할 수 있습니다.

본래 알아야 할 지식을 알고 있는 것 또한 중요합니다. 그렇지 않으면 대화를 나눌 수가 없기 때문입니다. "바벨탑 같네."라고 말했을 때 '그게 뭐지?' 하고 매번 대화가 삐걱거리면 이야기가 원만히 진행되지 않고, 상대는 말하다가 중간에 귀찮아질 수도 있습니다.

교양 있는 사람끼리의 대화는 탁구 치듯이 랠리를 즐기는 것과 같습니다. 음악으로 말하면 고도의 앙상블을 즐기는 거죠. 하지만 교양이 없으면 지적인 대화를 즐길 수 없습니다.

스마트폰과 입문서

여러분 바로 곁에 광활한 교양의 바다가 펼쳐져 있습니다. 대표적으로 서점이나 도서관은 교양이 넘치는 장소라고 하겠어요. 또 요즘은 스마트폰 하나면 너무도 손쉽게 다양한 교양을 찾아볼 수 있어요. 양질의 교양을 접할 수 있는 유튜브 콘텐츠도 있고, 온라인으로 예술 작품을 감상할 수도 있습니다.

그런데 SNS로 자신과 비슷한 수준의 사람들과 소통하기만 해서는 지식이나 교양으로 이어지는 데 한계가 있습니다. 그래도 상관없다는 생각은 빈곤을 나타냅니다. '금전적 빈곤'보다 오히려 '교양(지식)의 빈곤'이 더 걱정됩니다.

저는 가끔 학생들에게 물어봐서 너무 지식이 없으면 그 자리에서 검색해보라고 합니다. '바벨탑'을 몰라도, 가지고 다니는 스마트폰으로 몇 번만 검색하면 관련된 여러 사실을 알 수 있습니다. 종교적인 의미부터 예술 작품, 언어의 문제에 이르기까지 연결고리가 눈에 들어오죠. 마법처럼 쉽기 때문에 사용하지 않을 이유가 없어요.

그리고 추천하고 싶은 것은 다양한 전문분야의 '입문서'입니다. 제대로 된 책 한 권을 읽으면 그 분야에 대한 상당한 수준의 교양을 쌓을 수 있습니다.

인터넷상의 정보는 성을 둘러싼 수로와 같아서, 다양한 정보가 교체되며 흐르고 있다는 인상이 강합니다. 반면 책으로 얻는 정보는 우뚝 선 성의 본체입니다. 둘 다 활용하면 튼튼하고 살기 좋은 교양의 성을 쌓을 수 있습니다.

격변의 시대에 놓치지 말아야 할 5가지 필수교양

이 책은 '돈과 자본', '종교', '철학', '역사', '예술'이라는 다섯 가지 교양을 주요 축으로 삼았습니다. 각각은 서로 연결되어 세상의 다양한 일을 이해하는 데 기반이 되어줄 겁니다.

원래 과학도 교양을 이루는 중요한 축이지만 물리나 화학 등은 어느 정도의 기초지식이 필요하므로, 이

번에는 누구나 쉽게 시작할 수 있는 주제를 중심으로
이야기를 풀어갈까 합니다.

'돈과 자본'은 현대에 들어 중요도가 커지고 있습니다. 더 이상 "다른 교양만 있으면 돈 관련 지식은 아무래도 상관없어."라고 말할 수 있는 시대가 아니지요. '돈과 자본'도 교양의 하나로 받아들이고 다른 지식들과 연결해서 생각하는 자세가 필요해졌습니다.

'종교'는 21세기 과학의 시대가 열리면서 존재감이 낮아질 것으로 예상도 했지만 그렇게 되지 않았습니다. 오히려 종교 간의 대립이 두드러졌고 종교에 의지하는 사람도 늘고 있습니다.

'철학'은 사물의 본질을 고민하게 해줍니다. 정보가 넘치는 오늘날, '정말 중요한 것은 무엇인가?', '본질은 무엇인가?'라는 고민 없이는 인생이라는 긴 여정에서 길을 잃고 미아가 될 수도 있습니다.

'역사'는 어느 시대나 반드시 필요한 교양입니다. 우리가 어디서 왔고 지금 어디에 있는지, 나아가 앞으로 어떻게 될지 방향성을 예측하려면 역사 지식이 기초가 되어야 합니다.

'예술'은 삶을 풍요롭게 해줍니다. 정보나 지식만으로는 영혼까지 살찌울 수 없는 법이죠. 다른 학문적인 교양과 함께 갖추고 있어야 할 교양입니다. 또 '역사'나 '종교' 등을 문화의 측면에서 바라볼 수 있는 능력도 중요합니다.

이들 다섯 가지 교양으로 삶을 풍성하게 누릴 수 있는 토대를 다지길 바랍니다.

차례

제1장 돈과 자본
진정한 자유와 행복을 얻는 힌트가 여기에

제4장 역사

인류의 실패와 성공에서 배울 점

제5장 예술
아름다움을 접하면 발견할 수 있는 것들

제1장

돈과 자본

진정한 자유와 행복을 얻는
힌트가 여기에

{

가장 첫 번째로 이야기해보고 싶은 것은 '돈과 자본'입니다.

돈이라고 하면 '교양'과는 다소 동떨어져 있다고 여기는 분도 많겠지요. 하지만 돈에 대한 지식은 현대 사회에서 중요한 의미를 가집니다. 우리는 돈이 필수인 자본주의 사회에서 살고 있기 때문이죠.

'나는 돈과 어떻게 사이좋게 지낼 것인가?'

이 질문은 여러분의 삶을 풍요롭게 만드는 중요한 주제 중 하나입니다. 돈에 관해 어느 정도 식견을 갖추고 있으면 정신적으로 안정됩니다. 그뿐 아니라 '교양' 그 자체의 범위를 넓히고 현실에 맞는 형태로 심화시켜, 현대 사회를 사는 데 많은 도움을 줍니다.

}

돈의 힘과
스트레스

오늘날의 자본주의는 18세기 후반 영국에서 일어난 산업혁명을 계기로 본격적으로 성립되었습니다. '기업이나 개인이 자유롭게 장사할 수 있고, 생산에 필요한 설비나 토지 등 자본도 소유할 수 있다.'라는 생각법입니다. 자유롭게 경쟁하기 때문에 사회 전체가 발전하기 쉬운 한편, 부를 쌓는 자와 가난한 자의 격차가 쉽게 생깁니다.

돈이 있으면 대부분의 물건이나 서비스를 살 수 있기에, 금전으로 인해 삶의 여러 면이 풍족해집니다. 자본주의 국가에 사는 우리한테는 당연한 이야기이지만 그렇지 않은 곳에서는 돈이 별로 의미 없는 경우도 있습니다. 예를 들면, 원시 공동체 사회처럼 필요한 것을 필요한 만큼씩 다 같이 나누면 돈은 필요 없게 되지요.

탄자니아에서 지금도 태곳적 생활을 이어가고 있는 하드자 부족 사람들은 모은 식량을 평등하게 나눕니다. 사슴을 사냥했을 때, 공이 큰 사람이 많은 몫을 차지한다거나 지위가 높은 사람에게 많이 주는 일이 없어요. 집단생활을 하는 20~30명 전원에게 똑같이 고기를 분배합니다. 그들에게 평등은 궁극적으로 중요한 생존전략인 것입니다.

NHK 다큐멘터리 〈병의 기원〉은 하드자 부족이 '우울증'을 겪지 않는다는 걸 소개했습니다. 우울증은 뇌의 편도체와 관련 있다고 알려졌습니다. 뇌정보 통신융합 연구센터의 하루노 마사히코春野雅彦 박사에 따르면 '돈 나누기 실험'에서 피험자가 다른 사람과 돈을 나눴을 때 자기 쪽이 많거나 적으면 편도체가 격렬하게 반응하고 공평할 때는 거의 반응하지 않는다는 결과를 확인했습니다.

평등하게 물건을 나누며 살던 옛 인류에게 오늘날과 같은 우울증은 없었다고 추측됩니다. 경제적 불평등이 큰 스트레스가 된다는 사실이 무척 흥미롭지요.

교양인은
마르크스를 읽는다?

경제적 불평등을 없애고자 나온 것이 사회주의 사상입니다.

1867년 유명한 《자본론》을 저술한 카를 마르크스 Karl Marx는 자본주의를 비판하고 공산주의 사상을 체계화했습니다. 공산주의란, 재산을 사적으로 소유하지 않고 모두 함께 공유하여 빈부 격차가 없는 사회를 실현하고자 하는 사상입니다. 거기에 도달하기 위한 단계로서, 나라가 자본을 소유·관리하여 평등을 유지하는 체제가 바로 사회주의입니다.

제가 대학생이었던 1980년대, 마르크스의 책을 중심으로 한 사회주의 이론은 교양으로 반드시 이수해야 했던 과목이었습니다. 도쿄대학에서는 입학한 학생들에게 우선 교양 학부에 들어가 2년간 교양부터 제대로 몸에 익히도록 하니까요.

당시의 철학 선생님은 마르크스주의 이론의 대가인 히로마쓰 와타루廣松涉 교수였어요. 사회학 선생님은 미타 무네스케見田宗介 교수로,《현대 사회의 이론》등 자본주의를 비판하는 저서를 내는 분이었습니다. 국내에 한정되지 않고 전 세계 진보 지식인이라고 불리는 사람들의 상당수가 마르크스의 영향을 크게 받았죠. 그런 의미에서 마르크스를 이해하면 경제학뿐만 아니라 철학이나 사회학도 이해하기 쉬워집니다.

저는 그렇게까지 마르크스에 심취하진 않았지만, 관련 서적을 대량으로 읽은 것은 사실입니다. 아무래도 그런 시대를 살았으니까요. 지금의 젊은이들은 마르크스의 사상을 모르는 사람도 많을 테지요. 하지만 자본주의를 깊이 이해하기 위해서라도 《자본론》은 꼭 읽어 주셨으면 하는 교양서입니다. 자본주의 사회에 관해 가장 과학적으로 치열하게 추적했다고 평가받는 이 책은 BBC 설문조사 결과 '지난 천 년간 인류에게 가장 영향을 끼친 책' 1위로 꼽혔으며 '지난 천 년간 가장 위대한 사상가' 1위, '세계에서 가장 영향력 있는 철학자' 1위로 선정된 인물도 마르크스입니다.

"지금까지 존재한 모든 사회의 역사는 계급투쟁의 역사이다."

"만국의 노동자여 단결하라!"

마르크스와 엥겔스Friedrich Engels의 공저 《공산당 선언》의 이 두 문장은 널리 알려져 있습니다. 사회주의 국가나 공산주의 국가는 여러 가지 문제가 많았고, 성공한 사상이라고는 할 수 없어요. 하지만 마르크스에 대한 지식은 어느 정도 가지고 있는 편이 교양인으로서 폭을 넓히는 길입니다.

《마르크스 자본론 : 세계의 사상マルクス 資本論 世界の思想》
사사키 류지佐々木隆治 저, 2018년.

《자본론》을 상세히 해설한 책으로 원전에 도전하고 싶은 사람
에게는 좋은 안내서가 될 것입니다. 내용이 본격적이면서도
읽기 편한 책입니다.

(참고) 《자본론 공부》, 김수행 저, 돌베개, 2014년.

《그림 자본론 : 미래에 대한 힌트図解 資本論 未来へのヒント》
사이토 다카시齋藤孝 저, 2022년.

《자본론》은 매우 어려운 책이므로 그림 등으로 알기 쉽게 해
설한 책도 좋습니다. 이 책은 각 항목의 첫머리에 마르크스의
문장을 직접 인용하였고, 그림으로 된 설명이 많습니다. 언뜻
보기에 접점이 없는 듯한 여러 사회 문제가 의외로《자본론》
과 연관성이 있음을 깨닫게 해주는 책입니다.

(참고) 《마르크스 자본론》, 최성희 저, 손영목 그림, 주니어김영사,
2019년.

아무리 일해도
왜 계속 가난할까

19세기 중엽인 마르크스 시대, 산업혁명 직후의 시기에는 노동자가 매우 혹독한 입장에 처해 있었습니다. 값싼 임금으로 일하고, 아무리 열심히 해도 돈이 쌓이지 않았죠. 대체 자본주의의 문제점이란 무엇인가, 마르크스는 이것을 밝히고자 했습니다.

　자본주의의 등장인물은 '자본가'와 '노동자'입니다.

자본가는 상품을 생산하는 시설을 가지고 있습니다. 거기서 일하는 사람들이 노동자입니다.

예를 들어 2만 원에 사들인 재료로 상품을 만든다고 해보죠. 노동자가 5시간 일하면 한 개의 상품이 완성됩니다. 그것을 12만 원에 팝니다. 그러면 노동자는 10만 원의 가치를 창출했다고 볼 수 있습니다.

그런데 이때 노동자에게 10만 원이 지급되느냐 하면 그렇지 않습니다. 시설을 제공하는 자본가의 몫도 있습니다. 그리고 12만 원의 비용이 든 상품을 12만 원에 팔면 남는 게 없겠죠. 그럼 자본가는 얼마를 가져가면 좋을까요?

여기서 나오는 것이 '노동력의 가치는 노동력 소유자의 생계를 유지시키는 생활수단의 가치다.'라는 사고방식입니다. 요컨대 노동자의 생활비를 임금으로 지불하면 된다는 의미이지요.

노동자가 밥을 잘 챙겨 먹고 휴식도 취하며 다음 날도 노동을 이어갈 수 있는 생활을 하는 데 10만 원이 필요하다면 그 노동력의 값은 10만 원입니다. 여기서 자본가는 생각합니다.

'하루 10시간 일하게 해서 상품 두 개를 만들면 돼. 그러면 재료비 4만 원 + 임금 10만 원 = 14만 원의 비용으로 24만 원어치 상품을 팔 수 있다. 10만 원을 버는 거지……'

실은 그 노동자에게 가치를 창출한 만큼의 보답이 돌아가면 좋겠지만 그렇지 않습니다. '착취'가 일어납니다. 자본가가 노동자를 선택할 수 있기 때문입니다. 더 값싼 노동력을 고르게 되기에, 노동자가 '만들어낸 가치=임금'이 성립되지 않는 것입니다.

이것이 마르크스가 지적한 자본주의의 문제입니다.

마르크스 시대는 자본주의의 문제점이 지금보다 심각했습니다. 노동자는 싼 임금으로 장시간 노동을 해야 했고, 반면에 자본가는 점점 더 부유해졌습니다. 오늘날 노동자들의 환경이 당시보다 좋아졌다 해도 자본주의의 본질적인 문제는 바뀌지 않았습니다.

돈이 궁하면 임금과 상관없이 일하겠다는 노동자도 있겠지만, 어쨌든 인력이 부족할 경우엔 자본가도 곤란하므로 임금을 올려줘야 합니다. 그런데 파트타임직, 아르바이트, 파견직이 등장합니다. 임금 수준을 높이지 않고도 노동력을 확보할 수 있게 된 것이죠.

이런 이유 등으로 일본의 경우 지난 30년간 거의 임금이 오르지 않았습니다. 지금의 임금 수준은 OECD^{Organization for Economic Cooperation and Development}(경제협력개발기구) 회원국 중 하위권입니다. 조사 대상 35개국 중 22번째, 미국의 절반 정도입니다.● 일류대를 졸업하고 국내 대기업에 취직하는 것보다 미국에서 파트타임 아르바이트를 하는 편이 월급이 더 좋다는 말조차 있습니다.

이 같은 상황도 자본주의의 분석이 돼 있으면 이해하기 쉬워집니다.

─────────────

● 2020년 기준, OECD 조사 세계 평균 임금 순위는 1위 미국(69,392달러/약 9,000만 원), 19위 한국(41,960달러/약 5,500만 원), 22위 일본(38,515달러/약 5,000만 원)이다.

자본주의 사회는
돈이 돈을 부르는 세계

과거 일본에는 버블 경기가 한창이던 시절이 있었습니다. 1986년부터 1991년 2월경에 걸쳐 토지와 주식의 가격이 상승에 상승을 거듭하면서 그야말로 나라 전체가 호황에 들떠 있었죠. 돈다발을 흔들며 택시를 세우는 모습을 곳곳에서 볼 수 있을 정도였으니까요.

　당시 저는 20대였지만, 대학원생이라 오로지 공부만 했기에 우물 안 개구리였습니다. 우물 밖으로 나와서는 '이것이 바로 돈이 돈을 부르는 세계구나.' 하고 실감했지만 말이죠.

그리고 거품은 꺼졌습니다. 땅값도 주가도 급락했고 경기도 단숨에 추락했습니다. 1991년부터 1993년경에 일어난 일본의 경기침체를 '버블 붕괴'라고 합니다.

자본주의 경제에서는 이러한 거품이 반드시 생긴다고 마르크스는 말했습니다. 실체 없이 겉보기만 크게 부풀어 오르는 거품처럼 돈 자체가 '돈이 돈을 부르는' 성질을 지니고 있기 때문이죠.

자본가는 노동자를 고용하여 상품을 생산하고 판매해서 잉여가치Surplus Value●를 얻습니다. 밑천이 되는 돈을 써서 돈을 늘리는 거죠. 1만 원에 산 물건을 1만 원에 팔아서는 의미가 없습니다. 즉, 이익을 내야 합니다. 그리고 그 이익인 '잉여가치'를 다시 자본에 편입하면 더 큰 잉여가치를 만들어낼 수 있습니다.

또한 자본가들끼리 서로 경쟁하기 때문에 자본가는

● 마르크스 이론의 주요 개념으로, 노동 착취를 함으로써 투입한 자본보다 더 크게 얻는 가치.

자신의 자본을 늘려갈 수밖에 없습니다. 노동자 착취 외에도 과학기술의 발달로 우수한 기계와 장비를 저렴하게 구할 수 있으면 비용이 낮아져 자본을 한층 더 축적할 수 있습니다.

이렇게 해서 자본 축적은 멈추지 않고, 돈이 있는 곳으로 돈이 모이는 것입니다. 이것이 자본주의 사회에서 돈이 가지는 성질입니다.

자유 경쟁 속에서 돈을 벌 수 있고 자유롭게 소유할 수 있다면 사람들은 더 많이 벌고 더 많이 소유하고 싶어하기 마련입니다. 버블이란 이러한 심리를 바탕으로 주로 부동산이나 주식 등의 가격이 실체와는 동떨어지게 급등하는 현상을 말합니다. 가격이 계속 오르는 곳에는 돈이 흘러들어 옵니다. 비싼 가격에 사도 누군가가 더 높은 가격에 사주니까 돈을 벌 수 있죠. 하지만 가격이 영원히 오르는 일은 없으며 반드시 폭락합니다. 그것이 버블 붕괴입니다.

버블은 1980년대 일본뿐만 아니라 자본주의 세계에서 여러 번 되풀이되고 있습니다. 1630년대 중반, 세계 경제의 중심지로 황금기를 구가하고 있던 네덜란드에서는 새로 소개된 튤립에 투기가 일어나, 한 뿌리 가격이 노동자의 10년치 소득과 맞먹는 수준으로 치솟았습니다. 이른바 '튤립 파동'입니다. 1720년에는 프랑스의 '미시시피 회사'와 영국의 '남해 회사'가 투기 과열로 주가 급등과 급락을 겪습니다. 작곡가 헨델Georg Friedrich Handel은 남해 회사 주식을 매매하여 본 이득으로 자신의 음악아카데미를 설립했지만, 과학자 뉴턴Isaac Newton은 이때의 폭락으로 전 재산에 가까운 2만 파운드(현재 가치로 약 20억 원)의 손해를 보았다는 일화가 있습니다.

미국의 경우 '광란의 20년대'라고 불릴 정도로 폭등하던 주가가 1929년 대폭락하면서 세계 경기가 침체되는 '대공황'이 찾아왔고, 2008년에는 부동산 버블의 붕괴를 시작으로 '세계 금융 위기'가 촉발되었습니다. 현재도 부동산 가격이 급등하는 추이를 보인 여러 나라가 버블에 관한 우려를 논의하고 있습니다.

지금도 통하는
300년 전 장사꾼의 재략

돈이 돈을 부르는 성질이 있다는 것은 에도 시대江戸時代●

최고의 베스트셀러 소설가 이하라 사이카쿠井原西鶴도 이

야기한 바 있습니다. 대표작《일본영대장》에 실린 〈재략

● 1603년~1867년, 도쿠가와 이에야스가 현 도쿄인 에도를 본거지로
   창설한 막부(무사 정권)의 집권 기간. 조선 선조 말기부터 흥선대원군
   이 집정했던 고종 즉위 초기까지와 겹친다.

을 크게 발휘한 재물의 신〉에는 '돈이 돈을 모으는 세상'이라는 말이 나오는데, 비슷한 표현이 여러 차례 등장합니다. 제목부터 '영원히 재물로 가득한 곳간'이라는 뜻을 지닌 이 작품은 17세기 에도 시대의 비즈니스 성공담과 실패담을 비롯해 돈의 마력에 사로잡힌 사람들의 모습을 생생하게 그린 아주 재미있는 경제소설입니다.

〈재략을 크게 발휘한 재물의 신〉 이야기는 매우 번창한 교토 어느 상점의 장남인 '신로쿠'가 주인공입니다.

신로쿠는 낭비가 심해서 아버지에게 쫓겨나는 바람에 거의 무일푼인 채 에도로 향합니다. 여행 도중 돈이 궁해지면 도둑질이나 사기로 연명하던 그는 62일째에 에도 근처에 있는 '도카이지'라는 절의 문 앞까지 당도합니다.

그곳에 기거하는 거지 세 명의 이야기를 들어보니, 사실 세 사람 모두 원래는 생활 형편이 보통이었다고 합니다. 에도에서 장사하다가 실패했다는 사람, 여러 기술을 익혔지만 장사에 도움이 되지 않았다는 사람, 저택을 가지고 임대 사업을 했지만 절약하지 않아서 망했다는 사람이었죠.

신로쿠는 세 사람 다 세상에 대한 훌륭한 식견을 가지고 있으니 어떻게든 장사를 해서 먹고살 수 있지 않겠느냐고 물었는데, '돈이 돈을 모으는 세상'이니 자본 없이는 어쩔 도리가 없다는 훈계가 돌아옵니다. 하지만 신로쿠는 포기하지 않고 장사할 궁리를 쥐어짭니다. 그는 우선 큰 무명을 조달하여 잘게 잘라 작은 수건을 만들었습니다. 그리고 재를 올리는 날을 기다렸다가, 참배객들이 신성한 행위를 위해 손을 씻을 때 물 담아두는 그릇 옆에서 그것을 팔았죠. 이 수건이 절을 찾은 사람들에게 크게 인기를 끌었고, 신로쿠는 10년도 안 되어서 소문난 부자가 됩니다.

그에게는 장사 재주가 있었나 봅니다. 자본 없이도 착안점과 아이디어가 좋으면 돈을 벌 수 있다는 것을 보여주죠. 어디에 어떤 수요가 있는지 찾아내, 여러 궁리를 하여 성공을 거둔 사람은 많습니다. 이렇게 돈 버는 방법을 구체적으로 담은 책이 300년 전에 나와 있다니 신기하다고 새삼 느낍니다. 〈재략을 크게 발휘한 재물의 신〉 외에도 이 책에 담긴 30가지 이야기는 지금 읽어도 비즈니스의 힌트가 됩니다.

《일본영대장 현대어 번역 첨부日本永代藏 現代語訳付き》

이하라 사이카쿠井原西鶴 저, 2009년.

제1부는 현대어 번역, 제2부는 원문과 해설로 이루어져 있습니다. 하나하나가 짧은 이야기이므로 우선 현대어 번역을 읽고, 원문과 해설을 확인하듯이 읽으면 이해하기 쉽습니다.

(한국판) 《일본영대장》, 정형 역, 지식을만드는지식, 2023년.

'자본주의 정신'을 구현한 프랭클린

자, 이제 시간을 현재로 돌려 오늘날의 자본주의 사회를 들여다보고자 합니다. 여기서 벤저민 프랭클린 Benjamin Franklin 은 상당히 중요 인물이라고 할 수 있습니다. 프랭클린은 미국에서 '자본주의의 아버지'라고 불리는 사람입니다. 정치인, 외교관, 저술가, 과학자, 발명가 등 다양한 얼굴을 가지고 있으며, 모든 방면에서 큰 공적을 올린 초인적인 인물이지요. 우리는 그다지 친숙하지 않게 느낄 수 있지만 미국에서는 초상화가 100달러 지폐로 쓰일 정도로 여전히 존경을 받고 있습니다.

프랭클린이 미국 보스턴에서 태어난 해는 1706년 입니다. 그는 미국 독립 이전 시대부터 맹활약을 펼쳐 독립의 일등 공신이 됩니다. 1776년 미국 독립 선언이 채택되었을 때 프랭클린의 나이는 70세였습니다.

프랭클린이 '자본주의의 아버지'로 불리는 이유는 근검절약을 외치면서 사업을 성공으로 이끌었고 삶의 방식을 통해 자본주의 정신을 보여주었기 때문입니다. '자본주의 정신'이란 경제활동을 도덕적으로 뒷받침하는 에토스^{Ethos}(성품, 관습, 성격)를 말합니다. 프랭클린은 사회에 공헌하며 새로운 세계를 만들어가야 한다는 생각을 항상 지니고 있었습니다. 개인의 이익보다는 공익을 위한 마음을 가지고 사업을 했던 거죠.

독일 사회학자 막스 베버$^{Max\ Weber}$가 1905년에 저술한 《프로테스탄트 윤리와 자본주의 정신》에는 프랭클린의 말이 소개되어 있습니다.

"기억하라. <u>시간은 돈이다.</u> 하루 노동으로 10실링을 벌 수

있는데 외출하거나 실내에서 게으름 피우며 반나절을 보낸
다면, 오락이나 나태한 생활을 위해 비록 6펜스밖에 지출하
지 않았다고 해도 그것만 계산에 넣어서는 안 된다. 사실은
그 시간에 벌 수 있는 5실링을 더 지불한 것이다. 아니, 갖
다 버린 것이다."

"기억하라. 신용은 돈이다."

"기억하라. 돈은 번식하는 성질이 있어 돈이 돈을 낳는다."

"돈을 잘 갚는 자는 다른 사람의 지갑에도 손을 뻗칠 수 있
다는 속담을 잊어서는 안 된다."

"신용에 영향을 주는 것은 아무리 사소한 행위라도 주의해
야 한다."

그는 당시 미국에서 맥주나 사 마시며 하루 벌어 하
루 먹고사는 사람들에게도 '건강을 챙기고 시간을 소중
히 하라.' '신용을 소중히 하라.' '근검절약하라.'라는 조
언을 하고, 자신을 다스리는 삶을 살았습니다. 프랭클린
이 보인 근면함의 배경에는 신앙심이 두터운 개신교도
(프로테스탄트)였던 아버지의 영향이 컸습니다. 개신교
는 기독교 종파의 하나로 근면하고 금욕적인 삶을 지향
합니다. 프랭클린 자신은 독실한 기독교인은 아니었지

만, 항상《성경》을 곁에 두고 생각의 규범으로 삼았다고
합니다.

프랭클린은 사망할 때까지 시간을 내서 틈틈이 자
서전을 쓰고 있었어요. 1791년 출판된《벤저민 프랭클
린 자서전》은 세계적인 베스트셀러가 되었고, 19세기
말 아시아에서도 번역돼 큰 인기를 얻었습니다.

원래는 양초나 비누를 만들던 가난한 집에서 태어
난 프랭클린. 그의 자서전을 살펴보면 열두 살에 인쇄
공이 된 후 차례차례로 사업을 성공시켜가는 이야기가
매우 재미있고, 미국이 발전해온 중심에는 프랭클린의
정신이 깃들어 있다는 생각도 들어요. 공적인 이익에
힘쓰는 신념이나 사업을 성장시키는 노하우 등도 알 수
있는 책입니다.

《프로테스탄트 윤리와 자본주의 정신Die protestantische Ethik und der Geist des Kapitalismus》

막스 베버Max Weber 저, 1905년.

제가 대학생 때는 '필독 고전'이었습니다. 프랭클린도 개신교 집안에서 태어났다고 하고 금욕적인 프로테스탄티즘 사회가 자본주의 발전에 크게 관여하고 있다 하니, 도대체 어떻게 된 걸까요? 막스 베버는 그 모순을 규명하기 위해 이 책을 썼습니다.

(한국판) 《프로테스탄트 윤리와 자본주의 정신》, 박문재 역, 현대지성, 2018년.

《벤저민 프랭클린 자서전The Autobiography of Benjamin Franklin》

벤저민 프랭클린Benjamin Franklin 저, 1791년.

미국 자본주의의 아버지로 불리는 벤저민 프랭클린의 반생을 기록한 책입니다. 그가 25세 때 확립한 열세 가지 덕목, 즉 '절제', '침묵', '규율', '결단', '절약', '근면', '성실', '정의', '중용', '청결', '평정', '순결', '겸손'을 마스터해가는 방법도 재미있으며, 자기계발서로도 훌륭합니다.

(한국판) 《벤저민 프랭클린 자서전》, 강주헌 역, 현대지성, 2022년.

한손에는 논어,
한손에는 계산기

일본에도 '자본주의의 아버지'로 불리는 사람이 있어 소개하고자 합니다. 시부사와 에이치渋沢栄一라는 인물입니다. 그도 프랭클린과 마찬가지로 도덕적 가치관을 가지고 경제활동을 하여 나라를 일으키려고 했지요.

1840년 태어난 시부사와는 에도 막부 시대 말기부터 메이지 시대明治時代●에 걸친 격동의 시대를 살았습니다. 농가의 장남으로 태어났지만 학문, 검술, 장사를 열심히 배웠고, 실력을 인정받아 무사가 되었습니다. 그리고 27세 무렵, 만국박람회가 열리는 파리로 떠납니다.

1년 반에 걸쳐 유럽 각국을 둘러본 시부사와는 특히 자본주의 시스템에 관심이 컸는데, 그가 본 것은 한마디로 말해 은행을 중심으로 돈이 돌아가는 경제 시스템이었습니다. 돈을 가진 대중은 은행에 돈을 맡기고, 은행은 모인 돈을 능력과 의욕이 있는 사람에게 빌려주어 사업을 일으킬 수 있도록 합니다. 돈을 빌린 사람은 사업으로 돈을 벌고 이자를 붙여 은행에 돌려줍니다. 몸속에서 혈액이 돌듯이 사회에 돈이 순환해요. 그 심장에 해당하는 것이 은행입니다.

이것이 자본주의 사회라고 이해한 시부사와는 나라가 서구 열강과 어깨를 나란히 하려면 자본주의를 바탕으로 한 경제력을 키우지 않으면 안 된다고 생각했습니다. 그리하여 일본에서 최초의 은행(현 미즈호 은행)을

● 1867~1912년, 막부를 타도하고 들어선 신정부가 봉건적 질서를 해체하고 중앙집권적인 근대 국민국가를 수립하기 위해 '메이지 유신'이라 불리는 정치, 사회, 경제에 이르는 광범위한 개혁을 감행한 뒤 메이지 천황이 재위한 기간을 가리킨다. 조선 고종 초기부터 일제강점기 초기까지와 겹친다.

설립해 은행 시스템을 만들고 도쿄가스, 도쿄해상화재보험, 도쿄증권거래소, 게이한 철도, 제국호텔, 기린 맥주, 삿포로 맥주 등 종목을 아울러 500개가 넘는 기업 설립에 관여했습니다. 지금은 당연한 존재인 은행도 회사도 19세기 후반에는 없었습니다. '경제의 설계자'라고 불리게 된 그의 일대기는 NHK 대하드라마 〈청천을 찔러라〉로도 만들어졌습니다.

시부사와에게도 프랭클린의 《성경》에 해당하는 것이 있었으니, 바로 《논어》입니다. 《논어》를 열심히 배우던 시부사와는 '논어 정신으로 경제를 일구겠다.'고 결심합니다.

유럽 시찰을 마치고 돌아와 중앙 행정기관인 대장성의 관리가 되지만 4년 만에 그만둡니다. 같은 관리였던 친구에게 "천박한 금전에 눈이 어두워 관직을 떠나 상인이 되겠다니 참으로 어이가 없다. 지금까지 자네를 그런 사람이라고 생각하지 않았다."라는 말까지 듣지만 시부사와는 "나는 논어로 일생을 살아 보이겠어."라고 대답했다고 합니다.

나는 논어로 일생을 살아 보이겠다. 금전을 다루는 게 무엇이 천박하단 말인가? 자네처럼 돈을 천박하게 여겨서는 국가가 일어설 수 없다. 지위가 높다거나 벼슬이 높은 건 그리 귀한 게 아니다. 인간이 해야 할 고귀한 일은 도처에 있다. 관리만이 고귀한 것은 아니다.

일반적으로 '논어와 경제가 무슨 상관이 있을까?' 하는 생각이 듭니다.《논어》에는 돈벌이에 관한 이야기가 없고, 오히려 안회顔回라는 우수한 제자는 학문을 좋아하지만 너무나 가난한 나머지 단명하기도 하지요. 부를 추구하지 않는 자세를 훌륭하다고 여기는 셈입니다.

하지만 시부사와는 이러한《논어》를 경제에 끌어들여 생각했습니다. 그렇게 태어난 경영철학을 정리한 것이《논어와 주판》이에요. 이 책을 읽으면 경제를 발전시키는 데 윤리관이 얼마나 중요한지 알 수 있습니다. 자본주의의 아버지 프랭클린과 시부사와가 각각《성경》과《논어》에 기반을 두고 공공을 위하는 마음으로 경제를 발전시켜 나간 것이 주목할 만한 점입니다.

《논어와 주판論語と算盤》
시부사와 에이치渋沢栄一 저, 1927년.

제목부터 어렵다고 생각하는 사람도 있을지 모르지만, 시부사와의 훈화를 모은 것으로 매우 읽기 쉽습니다. 이 책은 각 장의 핵심이 처음에 나와서 대략적인 내용을 파악한 후 읽을 수 있는 구성입니다.

"진정한 부를 늘리는 근원은 단연코 인의도덕이다. 도리에 맞게 얻은 돈이 아니면 그 부는 영원할 수 없다.""올바르게 번 돈을 올바르게 쓰는 것이 국가와 사회에 공헌하는 길이다."라는 말에서 기업이 사회적 책임, 도덕적 가치를 놓치지 말아야 함을 알 수 있습니다. 출판된 이후 지금까지 일본 경영인의 바이블로 읽히고 있는 책입니다.

(한국판) 《한손에는 논어를 한손에는 주판을》, 안수경 역, 사과나무, 2009년.

투자 서적을
읽어보자

돈에 대한 공부를 한다면 '투자'도 하나의 주제일 것입니다.

투자는 사실 센스나 경험이 필요해서 누구나 도전할 수 있는 분야는 아니라고 생각합니다. 저도 실패해서 빚투성이가 된 사람을 적지 않게 알고 있어 쉽게 추천하지는 못하겠네요. 다만 투자와 관련된 책은 재미도 있고 배울 거리도 많습니다. 현대 사회나 경제에 대해 여러모로 지식을 얻게 되지요.

가령 《자본론》을 읽으면 자본주의 사회를 이해할 수는 있지만 돈 버는 방법은 알 수 없어요. 게다가 오래된 책이기 때문에 요즘과는 맞지 않는 부분도 있고요. 균형 있는 교양을 쌓는다는 의미에서도 투자법 같은 새로운 책을 읽고 현대 경제의 움직임을 익히는 것은 매우 중요합니다.

크게 성공한 투자자로 가장 먼저 떠오르는 사람은 워런 버핏Warren Buffett입니다. 90세가 넘은 지금도 투자자로 활약하고 있고, 2022년 세계 부자 순위 5위입니다. 개인 자산이 100조 원이 넘는다고 하니 참으로 놀랍습니다.

버핏은 전 세계 투자자들뿐만 아니라 경영자들로부터도 존경받는 인물이며 '투자의 신', '오마하의 현인'(오마하는 미국 네브래스카주의 지명으로 버핏이 살고 있는 곳입니다)이라는 평을 듣습니다. 버핏의 투자 철학은 투자를 하지 않는 저조차 매우 흥미롭고 공부가 된다고 느낄 정도입니다.

버핏의 투자 선생님은 벤저민 그레이엄Benjamin Graham입니다. 그레이엄은 자신의 투자 이론과 기법을 《현명한 투자자》라는 책으로 정리했는데, 이 책은 발행 후 베스트셀러가 되었지요. 버핏도 이 책에 감명을 받아 훗날 컬럼비아 대학교에서 교편을 잡고 있던 그레이엄으로부터 직접 배우기도 합니다.

그레이엄의 투자법을 '가치 투자'라고 합니다. 가치 투자는 한마디로 '주식을 싸게 사서 비싸게 파는' 수법을 말합니다. 버려진 담배꽁초처럼 마지막 한 모금의 가치가 남은 헐값의 주식을 찾아내야 하는 방식이라 '담배꽁초 투자'라고도 부릅니다. 그러기 위해서는 상세한 재무 분석을 통해 기업의 본질적 가치를 꿰뚫어 보는 것이 중요하지요.

버핏은 대학에서 회계학을 열심히 공부했습니다. 회계학에 정통하면 재무제표에서 다양한 사실을 읽어낼 수 있어 투자 판단이 가능해집니다. 버핏이 그레이엄으로부터 배운 투자 철칙은 다음 세 가지입니다.

- 기업의 일부를 소유한다는 생각으로 산다.
- 안전마진을 이용한다.

• 마켓은 주인이 아니라 하인이다.

'기업의 일부를 소유한다는 생각으로 산다.'는 기업의 장기적 성장을 내다보고 기업의 일부를 소유할 작정으로 주식을 사야 한다는 의미입니다. 주식의 가격 변동에만 주목하는 '투기'와는 엄연히 다른 개념이지요.

'안전마진을 이용한다.'는 가능한 한 리스크를 회피하기 위해, 설사 도산하더라도 모든 자산이 주주에게 환원될 때는 주가 이상의 가치를 환원받을 수 있는 기업에 투자하라는 의미입니다. 안전마진은 기업 가치와 시가 총액의 차이를 계산하여 구합니다. 기업 가치보다 시가 총액이 낮아 안전마진이 클수록, 즉 주식을 기업의 진짜 가치보다 싼값에 살수록 주가가 하락해도 손해 볼 위험이 적어집니다.

'마켓은 주인이 아니라 하인이다.'는 주가 변동에 일희일비하여 휘둘려서는 안 된다는 의미입니다.

버핏의 실천으로 배우는
기업 분석술

버핏은 세 가지 철칙을 충실하게 지키며 투자하여 실제로 큰 성과를 냈습니다. 하지만 40세 무렵부터는 그레이엄의 '담배꽁초 투자법'에서 '피셔 투자법'으로 전환해갑니다.

'피셔 투자법'이란 투자가 필립 피셔Philip Fisher의 이론으로 '정성 분석'을 중시합니다. 그레이엄이 중시한

'정량 분석'이 과거 주가나 실적 추이 등 숫자를 분석하는 방법이라면, '정성 분석'은 사업 내용이나 경영자의 자질 등 숫자로는 나타나지 않는 것을 평가하여 판단 수단으로 삼는 방법이에요.

여러분은 혹시, 신용카드 '아멕스'를 발행하는 세계적인 기업 아메리칸 익스프레스가 사기 사건으로 도산에 직면한 적이 있다는 사실을 알고 있나요?

바로 '샐러드 오일 스캔들'입니다. 1963년 콩기름을 판매하는 기업이 실제로는 존재하지 않는 재고를 담보로 대출을 받았고, 그것이 발각되어 큰 곤욕을 치른 사건입니다. 대출을 해줬던 아메리칸 익스프레스는 15억 달러나 되는 부채를 떠안았습니다. 결국 도산 위기에 처해 주가가 급락했습니다. 투자자들이 일제히 주식을 판 것이지요.

그런 상황에서 버핏은 대규모 투자를 합니다. 왜냐하면 실제로 레스토랑이나 소매점에 가서 조사했더니 손님들은 그대로 아멕스 카드를 사용하고 있었고 신용은 떨어지지 않았기 때문입니다. 일시적 하락에 불과하다고 판단해 700만 달러나 되는 자금을 투입했습니다.

이것이 '정성 분석'이며, 피셔가 실천하던 접근법입니다. 피셔는 기업의 고객이나 거래처, 경쟁사 등을 돌며 소문이나 평판을 들었습니다. 재무제표에는 나타나지 않는 주변 정보를 판단 근거로 삼은 것이지요.

그동안은 기업의 재무 상황을 중시하던 버핏이었지만 아메리칸 익스프레스 사건을 계기로 주변 정보를 중시하게 되었습니다.

버핏의 실제 사례나 투자 철학은 투자자뿐만 아니라 기업에서 일하는 회사원에게도 도움이 됩니다. 기업을 판별하는 눈, 본질을 꿰뚫는 눈이 길러지니까요.

일본의 종합전기제조사 도시바는 반도체 사업에 주력하는 건실한 기업이었지만 미국 제조기업 웨스팅하우스 일렉트릭의 원자력 부문을 인수한 뒤 엄청난 위기에 빠졌습니다. 인수 후 1년 만에 거액의 손실이 확정되었고, 더 이상 손실을 내지 않기 위해 도시바는 웨스팅하우스의 파산을 선택할 수밖에 없었습니다. 이로 인한 손실은 무려 1조 2,000억 엔이 넘었으며, 도시바의 2017년 3월기 결산에서는 약 9,656억 엔의 적자가 기록되었습니다.

손실이 난 뒤에 "사지 말았어야 했는데……."라고 말하기는 쉽습니다. 웨스팅하우스도 인수하기 전에는 기업 가치를 인정받았습니다. 도시바는 입찰에 참여한 여러 기업과의 경쟁에서 이겨서 그곳을 인수한 것이니까요.

이런 일은 도시바에만 국한되지 않습니다. 본래의 사업과는 별도로 M&A^Merger and Acquisition(기업 인수 · 합병)를 통해 사업의 규모를 늘리는 기술이 여기저기서 행해지고 있습니다. 그런 의미에서 기업의 본질적인 가치를 꿰뚫어 보는 안목은 중요한 능력이라고 말할 수 있겠어요.

추천 도서

《만화로 익히는 버핏의 투자법マンガでわかるバフェットの投資術》
하마모토 아키라濱本明 감수, 2021년.

만화와 꼼꼼한 해설로 구성된 매우 읽기 좋은 책입니다. 우선
은 버핏 편을 추천하지만, 그 외에 월 스트리트 주식 전문가인
피터 린치, 세계 3대 투자가로 불리는 짐 로저스 편도 함께 읽
으면 재밌습니다.

> (한국판) 《만화로 보는 워런 버핏의 투자 전략》, 정지영 역, 비즈니스
> 랩, 2023년.

《나의 재산 고백私の財産告白》
혼다 세이로쿠本多静六 저, 1951년.

전설적인 대부호 혼다 세이로쿠는 일하면서 공부도 해서 도
쿄대 교수가 된 인물로, 히비야 공원 등 많은 공원을 설계하고
개량한 것으로도 유명합니다. 월급의 4분의 1을 저축하고 주
식 등에 투자하여 엄청난 부를 쌓았지만 거의 모든 자산을 기
부했습니다. 돈과 자본에 관해 쓴 이 책에서 그는 '안전 제일'
을 모토로 삼아 비교적 안전한 투자를 해야 한다고 말합니다.
그 밖에도 《억만장자 도쿄대학 교수 다 주고 떠나다》 등 다수
의 저작이 있으니 궁금한 책이 있다면 꼭 한번 읽어보세요.

> (한국판) 《혼다 세이로쿠의 나의 재산 고백》, 김혜숙 역, 삼각형비즈,
> 2006년.

돈과 땅의 세계를
게임으로 배운다

저와 친분이 있는 창업가들을 보면, 어떤 사업을 하
든 결국에는 M&A의 세계로 빠지는 행보를 보이더군
요. 매수 그리고 또 매수. '이것도 샀어? 저것도 샀어?'
하고 놀라는 사이에 최종적으로는 모조리 팔아 치워
1,000억 원 이상을 손에 쥐기도 합니다. 그럴 땐 저도
모르게 "넌 정말 자본주의 게임의 고수구나!"라는 말이
나옵니다.

실패하면 산더미 같은 빚이 생기기도 하므로 기업을 사들이는 데는 신중해야겠지만, 자본주의 세계는 일종의 게임이구나 싶을 때가 많습니다.

제가 어렸을 때는 '뱅커스'라는 보드게임이 유행했습니다. 세계적으로 유명한 '모노폴리'를 본뜬 게임이지요. 저도 친구들과 이 게임을 즐겨 했습니다. 주사위를 던지고 말을 전진시키면서 땅을 사고 가게를 여는 등 돈을 점점 늘려가야 합니다.

모노폴리는 1935년 미국에서 탄생한 역사 깊은 보드게임으로 세계선수권대회도 열립니다. 단순한 놀이가 아니라 협상의 요소가 있다는 게 재밌는 점입니다.

가령 호텔을 지으려면 땅이 좀 더 필요한데, 상대방이 그 땅을 소유하고 있습니다. 그럴 때 '얼마면 땅을 팔아줄까?' '내가 가지고 있는 다른 땅과 교환하면 승낙해줄까?' 등 협상 조건을 궁리하면서 커뮤니케이션을 통해 게임을 풀어가는 식입니다.

모노폴리는 '독점'이라는 뜻으로, 최종적으로 독점한 사람이 승리합니다. 다른 참가자를 파산시켜 탈락시키고 끝까지 남은 사람이 독식해서 우승을 거머쥐는 거죠. 어떻게 보면 참 무서운 게임입니다.

사람들이 어릴 때부터 이 게임을 가지고 놀며 자본주의의 성질을 꼭 경험해보면 좋겠어요. 저는 뱅커스를 즐겼어도 버블 시기에는 우물 안 개구리였고 30세가 넘어서까지 일정한 직업 없이 자본주의의 최하층에 있었기 때문에 이런 주장이 다소 설득력 없을지도 모르지만, 게임 체험만으로도 자본주의의 무서움만큼은 충분히 알 수 있을 겁니다.

GAFA를 예로 들어보죠. 미국의 거대 IT 기업인 구글Google, 애플Apple, 페이스북Facebook(현 Meta), 아마존Amazon 4사의 앞 글자를 따서 그렇게 부릅니다.

GAFA의 편리함에는 좀처럼 배겨 낼 수 없다는 생각이 듭니다. 국내 기업을 응원하고 싶어도 너무나 편리해서 휴대폰은 애플의 아이폰iPhone, 책은 아마존의 킨들Kindle에서 구매하고 맙니다. 일상생활이 거대 자본에 하나씩 삼켜지고 있음을 느끼면서 '이거야말로 모노폴리구나!' 생각했습니다.

현실적으로 부동산을 사거나 기업을 인수하는 일은

장벽이 높습니다. 그러니 모노폴리와 같은 게임으로 돈이나 자본에 대한 감각을 익혀보는 방법도 나쁘지 않을 거예요.

거대 자본에 의한 독점은 결코 바람직하지 않지만 현실에서는 횡행하고 있습니다. 그 본질을 이해하고 있으면 독점 상태를 비판하거나 변혁을 주장하는 데 도움이 될 것입니다.

그리고 부와 세트로 흔히 이야기되는 것이 '빈곤'입니다. 빈곤층의 자립에 희망을 보여준 세계적인 사례로, 방글라데시에 있는 그라민 은행의 창시자 무함마드 유누스Muhammad Yunus의 '마이크로크레딧Microcredit'이 있습니다.

여성들을 중심으로 소액대출(자그마치 무담보!)을 해주고 사업적 자립을 도와 빈곤 퇴치에 기여했습니다. 유누스는 2006년에 노벨 평화상을 수상했지요. 희망을 주는 책으로 그의 자서전도 읽어보기를 추천합니다.

《무함마드 유누스 자서전Banker to the Poor : The Autobiography of Muhammad Yunus》

무함마드 유누스Muhammad Yunus 저, 1998년.

지위가 낮았던 여성들이 무담보 대출을 받으면서 작은 사업을 시작하고 점차 자신감을 얻는 모습이 그려져 있습니다. 빈곤에 맞서는 저자의 용기와 행동력이 감명적인 책입니다. 그는 사회 문제를 비즈니스적으로 해결하는 '소셜 비즈니스'의 제창자이기도 합니다.

(한국판) 《가난한 사람들을 위한 은행가》, 정재곤 역, 세상사람들의 책, 2002년.

〈모노폴리 클래식Monopoly Classic〉

해즈브로 사Hasbro, Inc., 사용 연령: 8세 이상.

역사도 깊고 세계적으로도 큰 인기를 누리는 보드게임. 아이부터 어른까지 즐길 수 있습니다. '클래식판', '부동산판', '주택청약판', '주니어판' 외에 인기 애니메이션이나 〈모여봐요 동물의 숲〉 등 게임과 협업한 상품도 있으니 마음에 드는 것을 찾아봅시다. 협상이나 흥정 요령을 익힐 수 있으며 자본주의의 핵심을 관통하는 빼어난 게임입니다.

부자와 빈자의
격차를 메우는 법

이번 장의 마지막으로 사회보장에 대해서도 언급할까 합니다. 학교에서 대략적으로 배웠더라도 자세히 모르면 삶이 불안합니다. 사회보장에 관해서는 인터넷에 공식적으로 정리된 정보가 실려 있습니다. 우선 이것을 확인하는 것이 좋습니다.

예를 들어, 정부 홈페이지에는 다음과 같이 설명되어 있습니다.

사회보장 제도는 국민의 안심과 생활의 안정을 지탱하는 안
전망입니다. '사회보험', '사회복지', '공적부조', '보건의료 ·
공중위생'으로 구성되어 있으며, 아이부터 자녀 양육 세대,
노인에 이르기까지 모든 사람의 생활을 평생 지원합니다.●

사람은 살아가면서 질병, 부상, 출산, 실업, 빈곤, 간
병, 노령, 사망 등 여러 가지 일을 겪습니다. 그런 이유
로 국민의 생활 안정이 위협받지 않도록 일정한 보장을
하자는 취지입니다.

곤란한 일이 생기면 관공서를 찾는 것이 기본이며,
본인이 직접 수속을 밟아야 합니다. 보장 제도에 대해
너무 무지하다거나 힘든 생활로 시간을 낼 수 없거나
집을 나갈 수 없는 상황까지 되면 생활이 비참합니다.
그래서 어려움에 처하면 바로 관공서에 가고 누군가와

● 한국 사회보장위원회의 정의에 따르면 "사회보장이란 인간다운 삶을
추구하기 위한 기본적인 권리를 의미함과 동시에 이를 실천하기 위
한 제도, 규범적 실천, 활동 모두를 포함하는 개념이다. 질병 · 장애 ·
노령 · 실업 · 사망 등 각종 사회적 위험으로부터 모든 국민을 보호하
고 빈곤을 해소하며 국민생활의 질을 향상시키기 위하여 제공되는 사
회보험, 공공부조, 사회복지서비스 및 관련 복지제도를 말한다."(출처:
ssc.go.kr)

상담하는 등 몸을 움직일 수 있는 동안 일을 처리하는 것이 좋습니다.

사회보장 제도의 주요 기능은 다음 세 가지입니다.

1. 생활 안정 및 향상 기능(인생에 닥칠 리스크에 대응하여 국민의 생활 안정 실현)
2. 소득 재분배 기능(사회 전체적으로 저소득자의 생활을 지원)
3. 경제 안정 기능(경제변동이 국민 생활에 미치는 영향을 완화하고 경제성장을 뒷받침)

자본주의 사회에서는 어떻게든 격차가 생기기 마련이지만 사회보장 제도의 소득 재분배 기능으로 어느 정도 격차를 메우고 있습니다.

세금 제도에도 소득 재분배 기능이 있습니다. 기본적으로 소득이 높은 사람이 더 많은 세금이나 사회 보험료를 내고, 소득이 낮은 사람은 더 적은 금액의 세금이나 사회 보험료를 내지요. 그리고 모두가 동등한 서비스를 받습니다. 많이 버는 사람은 다른 사람의 몫까지 지불해야 하므로 불공평하다고 생각할 수 있지만,

이로 인해 사회 전체의 스트레스를 줄일 수 있어요. 일종의 사회공헌이라고 생각하면 좋겠네요.

일본은 격차를 싫어하고 평등을 선호하는 의식이 강한 나라입니다.● 어떻게 보면 사회주의적이라고도 할 수 있어요. 버블 붕괴 전에는 '세계에서 가장 성공한 사회주의 국가'라는 말을 들었을 정도이니까요.

저도 기억하는데, 1970년대에는 '일억총중류一億総中流'라는 말이 있었어요. 일억 인구에 달하는 일본 국민 대다수가 자신을 중산층으로 인식하고 있었고, 소득이나 생활 수준에 격차가 별로 없었습니다.

'종신고용'과 '연공서열'이라는 기업의 구조가 그 배경에 있었다고 볼 수도 있습니다. 사회보장뿐만 아니라 기업의 역할도 컸지요. 일이 없어서 다소 한가하더라도, 본인의 성과가 없더라도, 바로 정리해고 하는 일은 없었습니다. 지금은 그런 여력이 있는 기업은 일부 대기

● 한국과 일본은 정부의 복지책임 및 재분배 정책 선호도에서 매우 높은 수치를 보인다(10점 척도 기준, 한국 7.45, 일본 7.28, 미국 4.78, 스웨덴 5.48). 한국인은 다른 국민들에 비해 소득 격차를 사회적 불평등보다는 개인의 노력에 따른 차이로 인식하는 경향이 강한 특징을 보인다(불평등 인식 10점 척도 기준, 한국 4.55, 일본 5.80, 미국 5.42, 스웨덴 6.12).(출처: 황수경, 〈한국인의 재분배 선호와 정책 결정〉, KDI Policy Study, 2019.)

업뿐이겠지만요.

　의류 브랜드 유니클로와 GU를 산하에 둔 퍼스트 리테일링이 2023년 3월부터 임금을 최대 40퍼센트 인상한다는 소식이 화제였습니다. 그 밖에도 로토제약이나 니혼생명 등 다수의 대기업이 임금 인상을 표명하고 나섰습니다. 임금 수준을 전혀 올리지 않던 기업들이 드디어 우수한 인재를 확보하려고 노력하는 모습입니다.

　하지만 기업의 대부분을 차지하는 중소기업에게 임금 인상은 어려운 현실입니다. 그렇다 해도 이제 값싼 임금으로는 인재를 뽑을 수가 없지요. 이 때문에 초임은 높게 설정하되 회사에서 보장하는 부분은 줄어드는 형태가 될 것으로 보입니다. 복리후생은 후퇴하고 인력도 프리랜서나 계약직 같은 고용 형태로 충당하는 등 요컨대 '무슨 일이 생겨도 회사는 책임 없어요. 알아서 하세요.'라는 식이지요.

　결국 일본 경제는 전체적인 바닥 올리기가 상당히 어려운 상황입니다. 이유에는 여러 가지가 있겠지만, 지금까지 30년간 즐긴 외상을 이제 갚을 때가 된 것 같다는 느낌입니다.●

제 대학 시절 친구들은 대부분 은행에 취업했어요. 나라에서 손꼽히는 굉장히 우수한 인재들이었는데, 지난 30년을 되돌아보면 과연 은행이 무슨 큰 역할을 했는지 의문스럽습니다. 도쿄대학 경제학부 호시 다케오^{星岳雄} 교수는 그동안 새로 생긴 회사는 너무 적었고, 오래된 회사는 너무 많았으며, 물가는 제자리였고, 인재들은 평생 회사에 메여 있었다고 표현했습니다. 그 말처럼, 다수의 탁월한 인재들이 은행에 한정되지 않고 창업이나 새로운 비즈니스에 도전했다면 조금 더 달랐을 것 같다는 생각이 듭니다. 얼마 전 그런 아쉬움을 포함해서 '어쩌면 지난 30년에 대한 책임이 우리에게 있는 것은 아닐까?' 하는 반성을 동세대 사람들과 함께했던 참입니다.

이상, 지금까지 돈과 자본주의에 대한 이야기였습니다. 여러분은 어떻게 생각하시나요?

● 이른바 '잃어버린 30년'은 버블 붕괴에 따른 장기 불황의 여파가 2020년대까지 이어진 현상을 가리킨다. 2023년 드디어 시작된 임금 상승, 물가 변동, 주가 활황 등 일본의 변화 조짐이 주목받고 있다. 다만 전 세계 차원의 경제의 경우 잠재성장률이 최저치로 떨어지며 새로 '잃어버린 10년'을 맞을 수 있다고 세계은행은 지적한다.(출처: 머니투데이, 《'잃어버린 10년 온다'···세계은행, 침체 경고》, 2023.03.29.)

제2장

종교

낯설지만 친숙한 존재

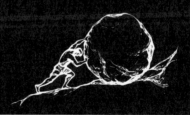

{

우리는 무교라는 말을 많이 듣습니다. 전 세계에서 무교 인구가 가장 많은 국가 1위가 중국, 2위가 일본, 5위가 한국일 정도지요. 특정 종교를 믿는 사람이 적어 종교에 대한 지식도 일반적으로 별로 없는 편입니다. 하지만 특히 요즘 시대는 종교에 관한 지식 여부가 중요합니다.

한 가지 이유는 지금 세상에서 일어나는 일들이 종교를 알면 더 잘 이해되기 때문입니다. 예를 들어, 종교를 공부하면 현재 무슬림Muslim(이슬람교를 믿는 사람) 인구가 늘고 있다는 사실에 대해서도 조금 냉정하게 이해할 수 있습니다. 또 세계가 앞으로 어떻게 변해갈지 통찰할 수 있게 됩니다.

또 다른 이유는 우리가 살아가는 데 마음의 안정을 얻기 위해서입니다. 이미 신앙이 있는 사람은 마음을 기댈 수 있는 대상이 있으므로, 중장년이 되어 죽음에 대해 사실적으로 느끼게 되었을 때도 마음의 평온을 유지하기 쉬울지 모릅니다.

어떤 종교든 모두 본질적으로 마음에 의지가 되는 힘을 가지고 있어요. 실제로 믿는가 아닌가를 떠나서 각 종교의 내용을 배우는 일은 마음의 안정에 도움이 될 것입니다.

}

우선은 전체적인
윤곽을 파악하자

종교의 세계는 넓기 때문에 우선 지도로 전체상을 살펴 보기를 추천합니다. 종교라는 큰 바다에 무턱대고 뛰어 들기보다는, 지도를 펼쳐서 전체를 파악한 후 각 포인 트별로 항로를 정하는 것이 효율적입니다. 그림이나 도 감으로 종교를 해설한 책들은 그 지도가 되어줍니다. 이 책에서는 지면상 그림까지는 싣지 못하지만 포인트 를 짚고 넘어가도록 하겠습니다.

먼저 교양 지식으로 삼고 싶은 종교는 '세계 3대 종교' 그리고 힌두교, 유대교입니다. 세계적으로 신자가 많으며 문화와 경제에도 큰 영향을 미치고 있는 '세계 3대 종교'는 기독교, 이슬람, 불교를 말합니다. 이슬람은 이슬람교^敎를 가리키는데, 이슬람이라는 말 자체에 '가르침'이라는 뜻이 들어 있어 중복되기 때문에 여기서는 본래 발음에 가까운 '이슬람'으로 표기하겠습니다.

기독교

- 세계에서 가장 많이 보급되어 있다. 신자 수는 약 24.4억 명(2020년 시점, 세계 종교 인구 비율에 근거해 추산, 이하 동일).
- 창시자는 예수 그리스도.
- 경전은 《구약성경》과 《신약성경》.
- 유일무이의 절대적인 신을 신봉하는 일신교. 예수님은 하느님의 아들.
- 3대 교파는 가톨릭, 개신교, 동방정교회.

/ 이것이 포인트 /

기독교를 이해하면 서양의 회화나 문학도 잘 알 수 있

게 됩니다. 유럽의 역사는 기독교 없이는 말할 수 없기 때문에 세계사를 배우는 데도 빼놓을 수 없지요.

예수Jesus는 유대인이자 유대교도로 살았습니다. 유대교는 민족구제의 종교로서 '신이 우리 민족을 구원하고자 선택했다.'라는 선민사상이 있지만, 그와는 다르게 누구든지 구원받을 수 있다고 설파한 이가 예수입니다.

유대교의 지도자들은 유대교를 비판한 예수를 처형하기로 하고, 로마 제국의 총독 본디오 빌라도Pontius Pilate에게 넘겨 십자가에 못 박히게 합니다. 그 후 예수가 살아나 부활했다고 믿는 사람들에 의해 예수의 가르침이 널리 퍼져 기독교가 형성됩니다.

이슬람

- 신자 수는 약 19.5억 명(2020년 시점). 늘어나는 추세다.
- 7세기 초, 최후의 예언자로 꼽히는 무함마드에 의해 탄생.
- 경전은 《쿠란》,《하디스》,《구약성경》.
- 유일무이의 절대 신 알라를 받드는 일신교.
- 양대 종파는 수니파와 시아파.

기독교 및 유대교와 뿌리는 같습니다. 이슬람에서는 무함마드^{Muhammad}가 '최후이자 최대의 예언자'이며, 다른 예언자(예수, 모세, 노아 등)와는 격이 다르다고 생각합니다. 다만 예언자란 신의 말씀을 받아 사람들에게 전하는 존재이며 보통 사람입니다. 신은 알라뿐이고, 인간은 모두 시종이라고 가르칩니다. 이슬람의 알라는 기독교의 하느님, 유대교의 야훼와 동일한 신입니다. 그래서 《구약성경》도 경전 중 하나입니다.

무슬림은 632년 무함마드가 사망한 뒤, 《쿠란》과 관례에 따라 지도자를 '선출'해야 한다는 입장의 수니파와, 무함마드의 혈족만을 '추종'해야 한다는 입장의 시아파로 분열되어 오늘날까지 갈등을 빚고 있습니다. 80퍼센트 이상의 다수를 차지하는 수니파의 대표 국가는 사우디아라비아이며 시아파의 종주국은 이란입니다.

또한 미국 조사기관 퓨 리서치 센터의 2015년 발표에 따르면 '2100년에는 무슬림이 최대 세력이 될 것'이라 예측될 정도로 이슬람 인구는 전 세계적으로 가파른 증가세를 보이는데, 그 이유는 적도 주변 등 인구가 늘고 있는 지역에 이슬람 국가가 많기 때문입니다.

불교

- 신자 수는 약 4.9억 명(2020년 시점).
- 기원전 5세기경, 고타마 싯다르타(석가)가 창시하여 탄생.
- 경전은 상좌부불교의 《아함경》, 대승불교의 《반야경》, 《유마경》 등 다양.
- 신을 신봉하는 것이 아니라 개인이 깨달음을 얻는다고 생각.
- 상좌부불교와 대승불교의 두 가지 큰 흐름이 있다.

/ 이것이 포인트! /

불교는 '신이 없다'는 것이 큰 특색입니다. 창시자인 고타마 싯다르타Gautama Siddhartha는 35세 때 보리수 아래에서 깨달음을 얻고 붓다Buddha(깨달은 자)가 되었습니다. 싯다르타가 펼치는 '붓다가 되기 위한 가르침'이 불교입니다.

붓다가 죽은 후 불교 교단은 몇몇 그룹으로 나뉩니다. 크게는 붓다의 가르침을 충실히 지키려는 상좌부와 진보·개혁파라고 할 수 있는 대중부 두 가지로 나눌 수 있습니다. 그 후 기원전 전후에 대중부의 영향을 받아 대승불교가 생겨납니다.

상좌부불교는 엄격한 수행을 통해 개인 스스로 붓다가 되는 것을 목표로 하는 반면, 대승불교는 출가한 수행자뿐만 아니라 일반 대중을 구제하기 위해서도 설파합니다. 한국, 일본, 중국에 전래된 것은 대승불교입니다.

힌두교

- 신자 수는 약 11.6억 명(2020년 시점).
- 불교 성립 전의 브라만교가 기원. 세계에서 가장 오래된 종교.
- 경전은 《베다》, 《우파니샤드》, 《마하바라타》, 《라마야나》 등.
- 많은 신을 신봉하는 다신교.
- 신자가 많은 종파로 비슈누파와 시바파가 있다.

/ 이것이 포인트! /

힌두교도의 대부분은 인도에 있으며 힌두교는 인도 사람들의 사고방식부터 습관, 문화, 사회구조에 이르기까지 널리 퍼져 있습니다. 힌두교는 일반적으로 다신교로 알려졌지만 일신교가 아닐까 하는 견해도 존재합니다. 신들이 자유자재로 모습을 바꿀 수 있기 때문에 원래는 한 명의 신일지도 모릅니다.

주요 신은 세계를 창조한 신인 브라흐마, 세계를 유지하는 신인 비슈누, 세계를 파괴하는 신인 시바입니다. 힌두교에서는 이 세상이 '창조', '유지', '파괴'를 되풀이한다고 생각합니다.

유대교

- 유대인이 믿는 '민족 종교'. 유대인 인구는 약 1460만 명(2018년 추산). 이스라엘과 미국에 집중되어 있다.

- 고대부터 존재하던 종교로서 기독교, 이슬람의 원류.

- 경전은 《히브리 성경》으로, 기독교의 《구약성경》 과 동일.

- 유일무이의 절대 신인 야훼를 신봉하며, 유대인 은 야훼로부터 선택된 특별한 민족이라고 생각.

- 세계 금융·상업계에서 큰 힘을 가지고 있다.

'유일한 절대 신 야훼에게 선택된 민족이 유대민족이
다.'라는 생각(선민사상)을 지니고 있습니다. 그래서 유
대교는 전 세계로 확산되지 않고 신자 수도 그다지 많
지 않습니다. 하지만 세계 정치와 경제에 미치는 영향
력이 매우 크므로 유대교에 대한 지식도 중요합니다.

유대인은 세계 금융계에서 큰 힘을 가지고 있는데, 그
배경에는 유대인 차별의 역사가 있습니다. 기독교 세계
에서는 돈이 천한 것으로 여겨져, 당시 차별받던 유대
인들이 돈을 취급하는 일을 했습니다. 땅에서 쫓겨나
국토가 없던 유대인에게 세계 각지에서 할 수 있는 금
융업은 적합했습니다.

윌리엄 셰익스피어William Shakespeare의 《베니스의 상인》
에는 유대인 고리대금업자 '샤일록'이 등장합니다. '돈
을 못 갚으면 살 1파운드를 가져가겠다.'라고 하는 악
덕 고리대금을 내걸지요. 저는 초등학생 때 이 책을 읽
다가 이런 사람이 있으면 정말로 무섭겠다는 강렬한 인
상을 받았던 기억이 납니다. 이것도 셰익스피어의 사회
풍자 중 하나일 것입니다.

《교양으로서 배워두고 싶은 5대 종교教養として学んでおきたい5大宗教》

나카무라 케이시中村圭志 저, 2020년.

종교의 기본 지식을 알기 쉽게 알려줍니다. 같은 저자의《그림 세계 5대 종교 통사》도 그림이 풍부해서 매우 도움이 됩니다. 종교는 세계사와 밀접한 관련이 있습니다. 문화, 정치, 경제의 '지금'을 이해하고 싶다면 주요 5대 종교만이라도 파악해둘 것을 권합니다.

(참고) 《세계 종교 둘러보기》, 오강남 저, 현암사, 2013년.

《그림 세계의 종교図解 世界の宗教》

와타나베 카즈코渡辺和子 감수, 2010년.

5대 종교를 한눈에 훑어볼 수 있는 그림과 해설이 실려 있습니다. 여러 종교의 배경이나 특징을 비교해줄 뿐만 아니라 토막 상식도 많이 수록하고 있어 재밌게 읽을 수 있을 겁니다. 모든 학문의 원류는 '종교'이며, 이 세계가 성장하는 데 지대한 영향을 미치고 있음을 알 수 있습니다. 유사한 도해본이 많지만 제가 참고하는 책입니다. 한 권 가지고 있으면 편리할 거예요.

(참고) 《지도로 읽는다 세계 5대 종교 역사도감》, 라이프사이언스 저, 노경아 역, 이다미디어, 2016년.

역대 가장 많이 팔린 책
성경을 읽어보자

세계 종교의 전체상을 파악했다면 다음 단계로 경전을
접해보는 것이 좋습니다. 각각의 종교가 무엇을 믿고
어떤 가르침을 주는지 알 수 있으니까 말이죠.

　기독교라면 먼저 《성경》을 읽어보세요. 'The
BOOK(단 하나의 그 책)'이라고 불리는 세계 제일의 역
사적인 베스트셀러이기도 합니다. 읽지 않았다면 정말
로 안타까울 따름입니다. 특히 《신약성경》•은 하루면

읽을 수 있는 양이고, 적어도 〈마태복음〉을 읽으면 대략적으로 전체를 이해할 수 있습니다. 〈마태복음〉은 《신약성경》의 첫 권으로, 예수의 탄생부터 가르침과 기적, 십자가에 못 박히는 수난 그리고 부활의 내용을 예수의 열두 제자 중 마태오^{Matthew}가 기록한 책입니다.

문어체 번역본과 구어체 번역본이 있는데 음독하려면 문어체 번역본을 추천합니다. '구하라 그리하면 너희에게 주실 것이요' 이런 식의 번역입니다.

구어체 번역에서는 '계속 구하세요, 그러면 얻을 것이니.'라고 되어 있지만, "구하라 그리하면 너희에게 주실 것이요"라고 소리 내어 읽는 편이 좋은 기운이 감도는 느낌입니다. 문어체 특유의 운율과 울림이 있어, 예수님이 말씀하시는 것처럼 영혼의 외침이 전해지는 효과를 줍니다.

여기서 한 구절 살펴보기로 합시다.

● 《구약성경》은 구세주가 나타날 것이라는 옛 약속을 가리키는 경전이며, 《신약성경》은 구세주로서 예수가 나타나신 이후 하느님의 새 약속을 기록한 경전이다.

"구하라 그리하면 너희에게 주실 것이요

찾으라 그리하면 찾아낼 것이요

문을 두드리라 그리하면 너희에게 열릴 것이니

구하는 이마다 받을 것이요

찾는 이는 찾아낼 것이요

두드리는 이에게는 열릴 것이니라"

〈〈마태복음〉 7장 7~8절〉

"계속 구하세요, 그러면 얻을 것이니.

계속 찾으세요, 그러면 찾을 수 있을 테니.

계속 문을 두드리세요, 그러면 열릴 것이니.

누구든 계속 구하는 자는 얻고, 계속 찾는 자는 찾아내고,

계속 문을 두드리는 자에게는 열릴 것입니다."

　　문어체에 익숙하지 않아서 읽기 어렵다는 분은 구어체 번역본도 상관없습니다. 특히 마지막 부분을 읽을 때는 바흐Johann Sebastian Bach의 〈마태 수난곡〉을 BGM으로 들으며 읽기를 추천합니다.

　　총 68곡으로 이루어진 이 작품은 수난의 예언과 유다의 배신, 최후의 만찬, 겟세마네 동산에서의 기도, 체

포당한 예수가 총독 빌라도의 재판을 받고 골고다 언덕에서 죽음을 맞이하기까지 〈마태복음〉의 26~27장 이야기를 묘사한 극음악입니다. 여러 명연이 있지만 꼭 칼 리히터Karl Richter가 지휘한 버전의 연주를 들어보세요. 수난의 장면이 엄청나게 박력 있을 겁니다.

크리스마스 날 〈마태 수난곡〉을 들으면서 《신약성경》을 읽는 것도 좋습니다. 크리스마스를 혼자 보내도 전혀 두렵지 않아요! 오히려 밖에서 왁자지껄 떠드는 사람들이 얼마나 어처구니없는지 깨닫게 될 거예요. 저는 기독교인은 아니지만, 이렇게 크리스마스를 지내면 문화적으로 매우 풍요로운 기분이 듭니다.

《소리 내어 읽고 싶은 신약성경声に出して読みたい新約聖書》
사이토 다카시齋藤孝 저, 2015년.

《신약성경》의 내용 중에서 특히 심금을 울리는 말을 선별하여 문어체와 구어체로 번역하고 해설도 담았습니다. 마태오(마태복음), 마르코(마가복음), 루카(누가복음), 요한(요한복음)의 4대 복음서를 예수의 탄생부터 수난·부활까지 시계열적으로 나열하고 있어 대강의 흐름도 이해할 수 있습니다.《구약성경》 편도 있습니다.

참고   《예수의 말》, 정양모 저, 이와우, 2020년.

유명한 이야기가 가득한 《구약성경》

《구약성경》은 분량이 많아 다 읽기 힘들 수도 있습니다. '아담과 이브', '노아의 방주', '바벨탑' 등 유명한 이야기를 선별해서 읽는 방법도 좋겠어요. 이 책에서도 몇 가지 골라 주요 포인트를 설명하겠습니다.

아담과 이브

〈창세기〉는 '시작의 책'이라고도 불리며, 하느님의

천지창조부터 시작됩니다.

하느님은 먼저 "빛이 있으라!" 하고 말해 빛과 어둠을 만들어내셨습니다. 둘째 날은 '하늘', 셋째 날은 '대지', '바다', '식물', 넷째 날은 '해'와 '달'과 '별', 다섯째 날은 '물고기'와 '새', 여섯째 날은 '짐승'과 '가축', 그리고 '하느님은 자신을 본떠 흙으로 사람을 지으시고 생명의 숨을 그 코에 불어넣으시어' 최초의 인간인 아담을 만들었습니다. 그리고 일곱째 날은 휴식을 취합니다. 이 안식일과 일주일의 리듬은 사회에 큰 영향을 미칩니다.

그 후, 하느님은 아담에게 짝을 맺어주려고 아담의 갈빗대 하나를 빼내어 여자 모양을 만듭니다. 그 사람이 바로 이브예요.

아담과 이브는 뱀의 부추김에 금지된 지혜의 열매를 먹고 맙니다. 그리고 자의식이 생겨 자신들의 벌거벗은 모습을 부끄럽게 여기게 됩니다. 하느님은 선과 악을 알고 신처럼 된 아담과 이브를 낙원에서 추방합니다.

노아의 방주

〈창세기〉 속에 등장하는 아주 재미있는 이야기입니다. 신이 인간의 타락에 분노하여, "대홍수를 일으킬 테니 방주를 만들라."라고 노아에게 고합니다. 노아는 가족과 모든 동물의 암수 쌍을 방주에 태우고, 40일간 이어진 홍수와 그 후 물이 빠지는 동안 방주에서 지냅니다. 비둘기를 풀어 돌아오지 않는 것을 확인한 뒤에야 물이 마른 방주에서 빠져나올 수 있게 됩니다.

사실 이 이야기의 원래 소재는 고대 메소포타미아 문학 《길가메시 서사시》의 홍수 이야기가 원형이라는 설이 있습니다. 점토판에 쐐기 문자로 쓰인 이야기 중에 노아의 방주 이야기와 매우 비슷한 내용이 있었습니다. 이를 알고 기독교 사회의 사람들은 큰 충격을 받았습니다.

바벨탑

대홍수 이후 노아의 후손들은 '민족이 온 땅에 흩어지는 걸 피하자.'며 하늘에 닿을 수 있는 높은 탑을 건설합니다. 그러나 하느님의 권위에 도전해 자기들끼리 뭉쳐 안전을 도모하려는 모습은 교만으로 비쳤고, 하느님의 분노를 사게 됩니다.

하느님은 "그들은 모두 하나의 말을 하고 있기 때문에 이런 탑을 만들기 시작한 것이다."라고 말하고 언어를 제각기 다르게 만들어버립니다. 혼란스러워진 인간들은 탑 건설을 그만두고 각지로 흩어지고 맙니다. 오늘날 민족이 갈라지고 서로 다른 언어를 쓰게 된 건 이 때문이라고 하지요.

16세기 네덜란드 최고의 풍속화가 피터르 브뤼헐 Pieter Bruegel이 그린 〈바벨탑〉을 실제로 본 적이 있는데 정말 멋진 작품이었습니다. 성경 속 전설의 탑을 눈에 보이듯 섬세하게 표현하고 있습니다. 브뤼헐이 바벨탑을 소재로 택한 것은 네덜란드가 스페인의 압제 그리고 프로테스탄트와 가톨릭 간의 대립으로 상당히 혼란했기 때문이라고 합니다. 그림으로 당시 사회의 위태로운 모습을 표현한 것이죠. 또 탑의 디자인에 로마의 콜로세움을 참고한 점을 들어, 스페인 제국을 멸망한 로마 제국에 빗댔다고 보는 해석도 있습니다. 회화 작품도 이런 숨겨진 이야기를 알면 이해도가 더 깊어집니다.

만화가 오토모 가츠히로大友克洋가 이 브뤼헐의 작품을 바탕으로 바벨탑 안쪽을 그린 〈INSIDE BABEL〉도 감동적입니다. 〈바벨탑〉 소장처인 네덜란드 보이만스 판 뵈닝언 박물관의 학예사와 의견을 나누고 연구와 검증을 거듭해 내부 구조를 재현하는 스케치를 50장 이상 그렸다고 합니다. 지금껏 바벨탑의 겉면에만 익숙했던 분들도 그 안이 어떻게 생겼는지 호기심이 든다면 이 작품을 살펴보시길 바랍니다.

출애굽

《구약성경》의 두 번째 권이 〈출애굽기〉입니다. '애굽 埃及(이집트)을 탈출하다^出'는 뜻으로, 모세가 이집트에서 노예로 있던 이스라엘 백성을 풀어주고 약속의 땅 가나안으로 데려간다는 이야기가 중심입니다.

이집트에 이스라엘 백성이 너무 많아진 것을 두려워한 이집트 왕(파라오)은 이스라엘 사내아이가 태어나면 나일강에 던지라고 명령합니다. 모세도 그런 가운데 태어났지요. 강 수풀에 남겨진 아기 모세를, 목욕하러 온 이집트 공주가 발견하고 불쌍하게 여겨 몰래 키우기로 합니다. 그래서 모세는 천만뜻밖에도 이집트 왕자로 자라게 됩니다. 영웅 모세는 등장 장면부터 드라마틱하네요.

성인이 된 모세는 어느 날 하느님으로부터 사명을 받습니다. 이스라엘 백성을 이집트에서 빼내어 가나안으로 데려가라는 것입니다. 모세는 방해하는 파라오를 설득하려고 이집트에 다양한 재앙을 일으킵니다.

이에 못 이긴 파라오도 이스라엘 백성을 이집트에서 내보내지만 생각이 바뀌어 군을 이끌고 쫓아옵니다. 뒤에는 이집트군, 앞에는 바다라는 절체절명의 상황에서, 모세는 하느님께 기도를 드리고 바다를 둘로 갈라놓습니다. 유명한 장면이지요.

이 모세 이야기는 영화, 애니메이션 등으로 많이 다뤄지고 있습니다. 제가 추천하는 영화는 찰턴 헤스턴 Charlton Heston 주연의 〈십계〉입니다. 바다가 둘로 갈라져 길이 생기는 장면이 장관이며 영화 자체도 재미있습니다. 〈십계〉를 보면 출애굽 이야기가 실감 나게 다가올 것입니다.

《비주얼 그림 '성경과 명화'ビジュアル図解 聖書と名画》

나카무라 아키코中村明子 저, 2016년.

《구약성경》과《신약성경》의 유명한 장면을 그린 명화를 통해 성경의 세계에 훅 빠져들 수 있습니다. 〈최후의 만찬〉, 〈수태고지〉 등 한 번쯤 봤을 법한 명화가 총망라되어 114점이 수록돼 있습니다. 해설도 참 알기 쉬워서 자녀와 함께 그림을 보며 감상할 수 있습니다.

참고 》《한눈에 명화로 보는 구약/신약 성경》, 이선종 저, 아이템하우스, 2020년.

〈십계The Ten Commandments〉

세실 B 드밀Cecil B. DeMille 감독, 미국, 1956년.

《구약성경》의 〈출애굽기〉를 원작으로 하여 만들어진 역사 스펙터클 영화입니다. 모세가 이스라엘 백성을 이끌고 바다를 가르는 장면은 박진감 넘치고 강한 인상이 남습니다. 220분짜리 초대작인데요. 주연인 찰턴 헤스턴이 정말 멋지게 나오므로 꼭 한번 보셨으면 합니다.

붓다의 말씀을
읽다

불교의 경전으로는 무엇을 읽으면 좋을까요? 불교의 역사는 너무나 풍성해서 후대에 만들어진 경전도 많아 고르기가 쉽지 않습니다. 불교 경전은 '이와 같이 내가 들었다.'라는 뜻의 '여시아문如是我聞'으로 시작합니다. 일단 이 문구로 시작하면 불경으로 성립한다는 규칙이 있어 고타마 붓다가 죽은 지 1000년이 지나도 새로운 경전이 나올 수 있는 것입니다.

그래서 원래의 붓다 말씀으로 돌아가는 것을 추천하고 싶습니다.

가장 기본인 경전은 《숫타니파타》와 《담마파다》입니다. 이 두 권을 살펴보면 큰 줄기가 잡힙니다. 《숫타니파타》는 가장 오래된 경전으로 붓다의 말씀에 가장 가까운 시구를 모은 것으로 알려졌습니다. 하나하나가 짧은 단문으로 총 1149개의 말씀이 있습니다.

《숫타니파타》의 번역을 조금 살펴보겠습니다. 예를 들어 〈무소의 뿔〉(제1장 〈뱀의 장〉의 세 번째)은 이렇게 시작합니다.

35 모든 생명체에 폭력을 쓰지 말고, 모든 생명체를 괴롭히지 말며, 또 자녀를 원하지 말라. 하물며 친구라니. 무소의 뿔처럼 혼자서 걸어가라.
36 사귀면 애정이 생긴다. 애정으로 인해 고통이 일어난다. 애정에서 우환이 생긴다는 것을 알고, 무소의 뿔처럼 혼자서 걸어가라.

무소(코뿔소)의 뿔이 하나밖에 없는 것처럼, 주위에 현혹되지 말고 혼자서 깨달음의 길을 가라는 가르침입니다. 이후에도 '무소의 뿔처럼 혼자서 걸어가라.'가 반복되는데, 그중에는 '현명하고 협동하며 예절 바른 명민한 동반자'를 얻었다면 그와 함께 걷는 것이 좋겠지만 어리석은 사람과 함께 갈 바에야 혼자 걷는 것이 좋다는 내용의 말도 나옵니다.

《담마파다》는 붓다가 사람들에게 설파한 삶의 지침이 되는 시구를 모은 책으로, 가장 유명한 경전으로 알려졌습니다. 팔리어●로 '담마Dhamma'는 '진정한 삶의 방식', '파다Pada'는 '말씀'이라는 뜻으로, '진리의 말씀'이라는 의미입니다. 여기에는 423개의 말씀이 담겨 있습니다.

1 모든 일은 마음이 근본이며, 마음에서 나와 마음으로 이루어진다. 만일 더러운 마음으로 말하거나 행동하면, 고통이 그 사람을 따른다. ―― 수레를 끄는 소의 발자국에 수레바퀴가 따라가듯이.

2 모든 일은 마음이 근본이며, 마음에서 나와 마음으로 이루

● 고대 인도어 중 하나로 붓다가 생존 당시에 사용한 모국어.

어진다. 만일 깨끗한 마음으로 말하거나 행동하면, 행복이 그 사람을 따른다. —— 그림자가 몸에서 떠나지 않듯이.

이렇게 보니까 붓다의 말씀이 굉장히 이해하기 쉽네요.《담마파다》는 짧아서 바로 읽을 수 있습니다. 국내 번역본을 보면 60페이지인 책도 있습니다. 많이들 안 읽는 게 신기할 정도예요.

모든 종교의 공통된 주제는 '고통스러운 이 세상을 어떻게 살 것인가?'입니다. 불교에서는 집착이나 욕망을 없애면 고통에서 해방된다고 말합니다. 괴로움은 집착에서 나오는 것이라고 하지요. 그리고 고통에서 벗어나면 환생을 멈출 수 있습니다. 태어남과 죽음을 거듭하는 슬픈 윤회의 고리에서 벗어날 수 있는 것입니다. 이런 생각들이 불교의 특징이라 하겠어요.

윤회를 믿지는 않더라도 괴로움이 집착에서 나온다는 말씀은 누구나 납득할 수 있다고 생각합니다. 예를 들어, 평소 좋아하던 아이돌이 누군가와 사귄다는 것을 알고 충격받은 사람이 있다고 칩시다. 배신감을 느끼거나 질투심이 생겨 괴롭습니다. 이유는 집착 때문입니다.

그래서 '그 아이돌이 뭘 하든 아무 생각 안 들어!' 하고
집착을 버려야 고통에서 해방됩니다.

실제로 그간 사 모은 아이돌 상품을 산산조각 내는
사람의 영상이 인터넷상에 떠도는 것을 본 적이 있습니
다. 몇십만 원, 몇백만 원을 들여 응원해온 사람입니다.
그가 엄청난 금액의 상품들을 부수고 난 뒤 해방되었다
는 느낌이 전해졌습니다. 누군가를 추앙하는 것이 나쁜
일은 아니지만 뭐든 과하면 탈이 나기 마련이지요. 제
가 아는 학생 중에도 아이돌 팬이 있는데 식비를 아슬
아슬하게 줄이면서 돈을 쏟아붓는다고 합니다. 그런 이
야기를 듣고 있으니 '지나치면 좋지 않다. 마음을 가다
듬자.'라는 붓다의 말씀이 떠오르더군요.

다만, 집착이나 욕망을 버린다는 것은 쓸쓸한 일이
기도 합니다. '무언가를 정신없이 좇고 있을 때가 즐거
웠구나.'라고 느낄 수 있으니 말이죠.

불교는 처음에는 다소 쓸쓸하지만 끝에는 편안해지
는 종교입니다.

추천 도서

《숫타니파타Sutta Nipāta》

가장 오래된 경전으로 붓다가 설파한 '사람이 걸어야 할 길'이
짧은 말씀과 대화로 정리되어 있습니다. 불교사상의 원류가
무엇인지 알 수 있는 책입니다.

（한국판） 《숫타니파타》, 전재성 역, 한국빠알리성전협회, 2013년.

《담마파다Dhammapada》, 《우다나바르가Udānavarga》

유명한 경전인 《담마파다》는 '진리의 말씀', 《우다나바르가》는
붓다가 감흥을 느꼈을 때 문득 한 말씀이라는 뜻의 '감흥의 말
씀'입니다. '붓다의 말씀' 《숫타니파타》와 함께 꼭 읽어보세요.

（한국판） 《법구경 담마파다》, 《우다나-감흥어린 시구》, 전재성 역, 한
국빠알리성전협회, 2008~2009년.

이슬람 사회를 알 수 있는
《쿠란》

이슬람이라고 하면 과격하고 폭력적이라는 위험한 이미지가 있을지도 모르겠군요. 특히 9.11 테러 이후 이슬람이 무섭다는 사람이 많이 늘었습니다. 하지만 실제로 테러 행위를 저지르는 사람은 극히 적습니다. 오히려 이슬람 자체는 안정된 사회를 구성하는 기반이 되기도 합니다.

이슬람의 경전은 《쿠란》입니다. 114장으로 구성된

《쿠란》에는 《성경》과 같은 이야기 구조는 없습니다. 계율과 같은 말씀이 적혀 있을 뿐이지요. 생활 속의 다양한 일들에 대해 '이렇게 하라.'는 신의 명령을 세세히 담았습니다.

식사나 예배 같은 일상을 비롯해서 상거래, 결혼, 이혼, 유산 상속, 도둑질이나 살인에 대한 징벌 등 모든 것에 상세한 지시를 내립니다. 이슬람은 종교이지만 행동 양식이며 이슬람 사회 전체의 법체계이기도 합니다.

'신앙 + 행동 양식 + 법체계 = 이슬람'이라고 생각하면 이해하기 쉽겠네요.

《쿠란》을 읽으면 '예배는 하루에 다섯 번 메카를 향해 올린다.' '돼지고기나 술은 금한다.' 등 생활 규범이 엄격하다는 인상을 받을 것입니다. 하지만 그뿐 아니라 '돈을 빌려줬을 때는 이자를 받아내려 하지 말라.' '이혼한 여성에게도 공정하게 부양받을 권리가 있다.'와 같은 선한 생각도 많습니다.

또한 이슬람에서는 알라가 유일하고 절대적인 신으로, 인간은 모두가 똑같이 신의 노예이며 특권계급은 없다는 것이 특징입니다. 기본적으로는 교회도 성직자도 존재하지 않으며, 창시자 무함마드조차도 특별한 존재가 아니지요. 인간은 모두 평등하다고 생각합니다.

다만 그것은 '신 앞의 평등'이지, 서구에서 꽃피운 근대국가의 '법 앞의 평등'●과는 다릅니다. 그렇지만 7세기에 이미 평등의 개념을 앞장서 주장하고 실행에 옮겼던 이슬람의 선진적인 측면을 엿볼 수 있습니다.

《쿠란》을 읽어본 독자분은 극히 적을 텐데 교양으로 한번 훑어보는 것은 어떨까요? 이슬람 사회를 이해하기가 쉬워집니다. 오로지 규칙들만 적혀 있는 걸 읽어봐야 재미없을 거라고 생각하면 오산입니다. 소리 내어 읽다 보면 그 리드미컬한 문장에 놀랄지도 몰라요.

'쿠란Quran'은 원어로 '소리 내어 읽기'를 의미합니다. 목청껏 낭송함으로써 말씀을 몸에 새긴다는 이미지입니다. 여럿이서 소리 내 읽다 보면 음악 같기도 하고 합창 같기도 해서 일체감도 생기고 기분이 고조됩니다.

● 1789년 프랑스 혁명에 따라 채택된 〈인간과 시민의 권리에 관한 선언〉을 바탕으로 한다. 인간은 태어날 때부터 자유롭고 평등하며 종교, 사상, 언론·출판의 자유를 누리고 평등한 법 적용을 받는다는 내용으로 이후의 인권선언과 각국 헌법의 기초가 되었다.

아라비아 반도에 위치한 도시 메카Mecca의 상인이었던 무함마드는 글을 읽지 못했다고도 하고 문장이 그리 뛰어나지 않았다고도 합니다. 어느 날 명상을 하던 무함마드 앞에 천사가 뭔가가 적힌 천을 가져와 "읽어라!"라고 말합니다. 무함마드는 "읽을 수 없습니다."라고 했지만 천사는 "읽어라! 읽어라!"라고 계속해서 명령합니다. 그러자 무함마드는 신의 말씀을 읽었다고 합니다.

그 계시의 말씀들을 주변 사람들이 기억하거나 받아 적은 기록이 모여서 《쿠란》이 만들어졌습니다.

《쿠란Quran》

아랍어인《쿠란》낭송에 어울리는 리드미컬한 문체를 우리말
로 옮기는 건 무척 고생스러운 작업입니다. 이슬람 사회를 깊
이 연구한 학자의 완역본을 읽어 봅시다. 경전을 처음 접하는
분도 이슬람의 근본적인 정서를 이해할 수 있습니다.

(한국판)《코란(꾸란)》, 김용선 역, 명문사, 2002년.

《이슬람 기초강좌イスラーム基礎講座》
아쓰미 겐지渥美堅持 저, 2015년.

이슬람의 역사, 사고방식부터 행동 습관, 그리고 국제정세까지
폭넓고 상세하게 쓰여 있습니다. '사막에서 태어난 아라비아
적 민주주의', '부족 의식부터 이슬람 의식까지의 정착' 등 차
례의 소제목도 매력적입니다. 압도적인 정보량을 자랑하므로
여러 가지 궁금증에 답이 되는 책입니다.

(참고)《이희수의 이슬람》, 이희수 저, 청아출판사, 2021년.

힌두교는
의외로 친숙하다?

여러분 중 힌두교가 우리와 인연이 있는 종교라고 생각하는 사람은 극히 드물 것입니다. "힌두교는 어떤 종교죠?"라고 물었을 때 대답할 수 있는 사람도 아주 적을 테지요. 하지만 사실 힌두교의 신들은 우리 문화 속에 들어와 있으며, 어쩌면 자신도 모르게 이미 친숙할지도 모릅니다. 조금만 살펴보면 적지 않은 영향을 받고 있음을 알 수 있습니다.*

예컨대 일본의 경우 행운의 일곱 신七福神 칠복신 중 하나인 음악, 예술, 지혜의 여신 '벤자이텐弁財天 변재천'은 근원을 따지고 보면 힌두교 여신 '사라스바티'입니다. 사라스바티는 비나Vina라는 현악기를 연주하는데 벤자이텐은 비파를 들고 있지요.

재물의 신 '다이코쿠텐大黑天 대흑천'도 실은 힌두교의 '시바' 신으로 추정됩니다. 시바 신의 별칭인 '마하칼라'를 직역하면 '마하'는 '큰大'이고 '칼라'는 '검은黑'이므로 '대흑'이 됩니다. 또 '호마護摩'라고 해서 땔감으로 지핀 불 속에 공물을 태워 번뇌를 다 불살라 없애고 복과 개운을 본존불에게 기원하는 의식, 불전이나 묘 앞에 꽃과 경단을 공양하는 의식은 그 뿌리가 힌두교에 있다고 합니다.

이처럼 친숙했던 신이나 풍습이 의외로 힌두교와

● 많은 한국인들이 이미 불교를 통해 힌두교를 간접적으로 경험하고 있다. 명상과 경전 읽기 같은 일상생활에서의 수행, 바깥의 행위보다는 내면의 변화를 중시하는 점이 흡사한데, 불교와 힌두교 모두 공통된 고대 인도 문화에서 기원했기 때문이다. 힌두교 신의 가르침을 따르는 국제 영성 공동체 '하레 크리슈나'는 서울, 김해, 포천, 인천 네 곳에 사원을 두고 1000여 명의 신도를 보유하고 있으며 조금씩 그 사상을 알려가는 중이다.(출처 : 오상헌, 〈월간 인터뷰〉, 2020.01.10.)

공통점이 많습니다. 힌두교에 관한 책을 한 권 읽어보면 꽤 재미있을 것 같지 않나요?

힌두교 경전으로 저는 《바가바드 기타》를 추천합니다. 총 18권으로 구성된 고대 인도의 웅장한 서사시 《마하바라타》 중 제6권에서 가장 유명한 장면이자 힌두교의 에센스가 응축되었다고 할 수 있는 부분이 따로 독립된 것입니다. 힌두교 최고의 경전으로 알려져 있습니다.

《바가바드 기타》는 바라타 부족이 양 갈래로 나뉘어 싸우는 전쟁 이야기입니다. 전장에서 동족을 죽이기를 주저하는 아르주나 왕자에게 그의 조언자인 크리슈나 Krishna●는 시종일관 "싸워라!"라고 말합니다.

이 두 사람의 대화로 이야기가 진행되는데, 이기고 지는 것, 성공과 실패, 결과와 과정 같은 현대인의 고민과도 일맥상통한 여러 과제가 나옵니다.

예를 들면, 아르주나 왕자는 '누가 이기는 것이 좋은

● 힌두교의 주요 신 비슈누의 8번째 화신.

지 모르겠다.'는 고민을 합니다. 이에 대해 크리슈나는
이렇게 대답합니다.

**그대가 전념할 것은 행동 그 자체이지, 행동에 따른 결과가
아니다. 행동의 결과를 동기로 삼지 말라. 또 행동을 피하는
일에 집착해서도 안 된다.**

눈앞의 해야 할 일이 힘들어 도망치고 싶어질 때, 지
금은 의심을 위한 시간이 아닌 행동을 위한 시간이라며
결과를 바라지 말고 그저 의무를 다하면 된다고 일깨우
는 크리슈나의 말이 지금의 우리에게도 격려가 됩니다.
하나의 이야기로도 재미있고, 여러모로 공감하면서
읽을 수 있는 책입니다.

《힌두교 : 인도의 성과 속ヒンドゥー教—インドの聖と俗》

모리모토 타츠오森本達雄 저, 2003년.

힌두교에 대한 교양을 쌓고 싶다면 이 책을 추천합니다. 힌두교의 세계관을 일상 풍경을 통해 알기 쉽게 해설했습니다. 요가에 익숙한 사람은 〈해탈을 향해〉 챕터의 요가 부분을 중심으로 읽어도 충분히 재미있습니다.

(참고) 《힌두교, 사상에서 실천까지》, 가빈 플러드 저, 이기연 역, 산지니, 2008년.

《바가바드 기타Bhagavad Gītā》

고대 인도의 대서사시 《마하바라타》에 실린 가장 유명한 경전이 《바가바드 기타》입니다. '성스러운 신에 대한 기타(찬미)' 또는 '거룩한 자의 노래'를 뜻하며, 요가나 힌두교 세계관에 대한 기본 지식을 쌓은 후 읽으면 더 좋습니다.

(한국판) 《바가바드 기타》, 정창영 역, 무지개다리너머, 2019년.

교양으로 알아두는
불교의 차이

인도의 산스크리트어나 팔리어로 쓰인 불교 경전은 2세기 후반 한문으로 번역되어 중국에 퍼집니다. 중국에 이어 4세기 후반경 한국, 6세기 중반경 일본에도 들어왔습니다. 한문으로 번역된 덕분에 불교가 도입될 수 있었지만, 한편으론 한자음으로 경을 읊자니 마치 뜻모를 주문처럼 되어버려 곤란한 점도 있습니다.

앞서 봤듯이 원래 붓다의 말씀은 이해하기 쉬운 일

상적인 말입니다. 일반적인 우리말로 번역할 수 있습니다. 하지만 번역에 번역을 거치는 사이에 난해해지고 말았습니다. 한자로 번역되는 시점에 중국식 불교의 색채를 입었고, 동아시아 각국에 전해진 뒤에는 민속신앙까지 섞여서 본래의 불교와는 다른 독자적인 모습을 띠게 되었지요. 여기서 여러분이 교양으로 삼을 만한 일본 불교에 대한 지식 몇 가지를 소개해보겠습니다.

헤이안 시대平安時代● 초기에 불교의 기초를 닦은 것은 천태종●●의 사이초最澄와 진언종의 구카이空海입니다. 구카이는 고보대사弘法大師라고도 불리는 유명한 인물로 《반야심경》에 관해 해설한 책 《반야심경 비건》을 썼습니다.

《반야심경》은 전 세계 불교도들이 가장 많이 외우는 경전으로 대승불교의 근간이 되는 《반야경》 총 600

● 794~1185년, 헤이안쿄(현 교토)로 천도한 이후 가마쿠라 막부가 세워지기까지의 약 400년간. 남북국 시대 통일신라 원성왕 때부터 고려 시대 중기까지와 겹친다.
●● 모든 사람은 부처 앞에 평등하다는 사상을 가르친 《법화경》을 초석으로 삼은 종파.

권을 단 260자로 추린 것입니다. 그야말로 심장과 같은 핵심만 담았다고 하여 'Heart Sutra心經 심경'라고 말합니다. 일반적으로 초반부의 '색즉시공 공즉시색色卽是空 空卽是色'('형태가 있는 겉모습과 형태가 없는 허상은 서로 다르지 않다.')이 주된 구절로 거론되며, '공空'('모든 사물은 일시적이며 영원하지 않다.') 사상에 대한 이야기라는 인식이 많습니다.

그런데 구카이는, 가장 중요한 것은 마지막에 나오는 주문 '아제아제 바라아제 바라승아제 모지 사바하揭諦揭諦 波羅揭諦 波羅僧揭諦 菩提 娑婆訶'('가자, 가자! 모두 함께 피안으로 가자. 번뇌를 끊고 생사윤회가 없는 피안으로 향해 충만한 깨달음을 이루자!')라고 합니다. 앞부분은 서론이고 핵심은 만트라Mantra(마음의 주문)라는 인식입니다. 진언종의 '진언眞言'이란 만트라를 말합니다. 구카이는 만트라를 매우 소중히 여겼음을 알 수 있습니다.

가마쿠라 시대鎌倉時代●에는 일본 역사상 가장 영

● 1185년~1333년, 가마쿠라 막부가 통치한 약 150년간의 무사 정권의 시대. 비슷한 시기에 무신정변(1170년)이 일어나 즉위한 고려 명종 때부터 원간섭기 충숙왕 때까지와 겹친다.

향력 있는 승려 신란親鸞이 정토진종을 열었습니다. 신란의 말을 제자 유이엔唯円이 정리한《탄이초》에 따르면 신란이 강조한 것은 '타력본원他力本願'입니다. 즉, 죽은 이의 영혼을 극락왕생의 길로 이끌어주는 부처이신 '아미타불'의 힘을 믿고 염불을 외우라는 것입니다.

타력이라고 하면, 스스로 노력하지 않고 문제 해결이나 소원 성취를 아미타불께 모조리 미룬다는 인상이 강하지만 그렇지 않습니다. '자신의 재량이 아니라 아미타불의 본원本願에 맡긴다.'는 뜻입니다. 자신의 한계를 깨닫고 부처님께 맡기고 내줌으로써 안정을 구하는 것이지요.

아미타불의 본원이란 늙은이든 젊은이든, 선한 자든 악한 자든 가리지 않고 모든 사람을 구하겠다는 맹세입니다. 그 본원을 믿으려면 '나미아미타불南無阿彌陀佛'('아미타 부처님께 의지합니다.')이라는 염불을 입과 마음으로 열심히 외우면 됩니다.

《탄이초》에서 가장 유명한 것은 악인정기惡人正機, 즉 '선인善人도 정토淨土에 왕생往生하는데 하물며 악인惡人은 말할 것도 없다.'는 가르침입니다. 여기서 말하는 악인은 번뇌에 휩싸여 도저히 수행할 여력이 없는 우리를 말합니다. 자력으로 수행하여 깨달음을 얻으면 좋겠지만, 그러지 못하는 사람들까지도 아미타불은 불쌍히 여겨 어떻게 해서든 구원하려는 것입니다.

고타마 붓다의 가르침은 '자력自力'입니다. '수행으로 집착을 버려라.' '스스로 자신을 다스려라.'라고 강조하지요. 그런데 《탄이초》를 읽으면 '내 힘으로, 내가 스스로'보다는 '처분을 받아들인다'라는 생각 방식이어서 덜 어렵게 느껴집니다. 이러한 특징 때문에 정토신앙은 중국(당나라 선도대사가 창립), 한국(신라 원효대사가 보급) 등 전파된 나라를 막론하고 민중들 사이에 널리 퍼졌습니다. 가난하고 힘없는 사람들, 고된 일을 하던 하층민들이 절대적으로 믿고 따랐기에 일본에서는 오늘날까지 최대 종파를 이루고 있습니다.•

• 종파의 분리가 강했던 일본에 비해 한국 불교는 통합적인 경향을 띤다. 고려 시대 지눌(知訥)이 선교통합(참선을 중시하는 선종과 경전을 중시하는 교종의 조화)을 추구하는 수선사 운동을 통해 조계종(현 최대 종파)의 기틀을 닦은 뒤로 참선 수행, 경전 공부, 염불 외기를 모두 깨달음을 위한 수행으로 보는 등 자력적 · 타력적 경향을 아우르고 있다.

《구카이 '반야심경 비건'空海 「般若心経秘鍵」》

구카이空海 저, 가토 세이치加藤精一 역, 2011년.

제목은 '반야심경의 진의를 읽어내는 비밀의 열쇠'라는 뜻으로, 아주 재미있습니다. 구카이 스님의 강연을 듣는 느낌으로 읽어보기를 바랍니다. 짧아서 힘들지 않게 읽을 수 있습니다. 알기 쉬운 구어체 번역과 해설이 붙어 있습니다.

《탄이초歎異抄》

유이엔唯円 저, 우메하라 다케시梅原猛 역, 2000년.

제목은 '스승의 가르침과 다른 것을 탄식하며 적다.'라는 뜻으로, 제자 유이엔이 스승인 신란의 고통과 고민, 그리고 그 신앙의 핵심에 대해 엮은 내용이 축을 이루고 있습니다. 불교 철학뿐만 아니라 인생 전반에 대한 깨달음을 주며 오랜 세월 사랑받아온 책으로서, 상세하고 깊은 해설과 현대어 번역을 통해 신란의 가르침을 잘 알 수 있습니다.

한국판 《탄이초》, 오영은 역, 지식을만드는지식, 2013년.

위험한 종교와
마인드 컨트롤

지금까지 세계 5대 종교를 중심으로 살펴봤는데 종교는 그 밖에도 다양합니다. 개중에는 위험한 종교단체도 존재합니다.

'컬트Cult', 즉 종교의 겉모습을 하고 반사회적·반윤리적 문제를 일으키는 사이비 단체들이지요.

1995년 도쿄 지하철에 맹독성 사린 가스를 살포한

옴진리교도 그렇지만, 가장 최근의 뉴스로 말하면 통일교(세계평화통일가정연합) 문제가 일본 전역을 뒤흔들었습니다.

2022년 7월 8일 아베 신조 전 총리 암살 사건이 계기입니다. 용의자는 가족을 무너뜨린 통일교에 원한을 품고 있다가 아베 전 총리가 교단과 연결돼 있다는 생각에 범행을 저질렀습니다.

이 사건을 계기로 교단과 정치권의 관계가 거론되면서 '통일교가 이렇게까지 정치인들에게 영향력을 행사하고 있었다니!' 하는 생각에 많은 국민이 놀랐습니다. 지금 시대에 총리 암살이라는 것은 물론이고, 여당이 그렇게 쉽게 사이비 종교단체의 영향을 받았다는 것도 충격적입니다.

통일교는 이전부터 고액의 헌금을 바치게 하고, 평범한 물건을 영험하다고 속여 비싸게 팔고, 아동을 학대하는 등의 문제가 지적되어 왔으며 피해자도 다수 발생했습니다. 하지만 그동안 정부는 사이비 종교를 규제하는 법 정비에 그다지 적극적이지 않았지요. 그러다가 이 문제를 계기로 조금씩 상황이 변하고 있습니다. '오가와 사유리'라는 가명의 통일교 2세(신자 사이에서 태어난 자녀)는 얼굴을 공개하며 피해를 호소하였고, 이러한 용기 있는 행동이 이어져 통일교 피해자 구제 법안이 통과되었습니다.

사람들은 왜 통일교나 옴진리교와 같은 위험한 종교단체에 빠져 신자가 되는 걸까요?

거기에는 '마인드 컨트롤Mind Control'이라는 수법이 깔려 있습니다. 전 통일교 신자로, 세뇌에서 벗어난 후 사이비 종교의 마인드 컨트롤 상태에 놓인 사람들을 심리 치료하는 스티븐 하산Steven Hassan의 저서《마인드 컨트롤과의 싸움》에 따르면 마인드 컨트롤은 'BITE'로 약칭되는 네 가지 요소로 이루어집니다.

1. 행동 컨트롤Behavior Control

개개인의 신체를 통제한다. 구성원은 달성해야 할 특정 목표나 일을 할당받아 자유시간과 행동을 제한받는다.

2. 정보 컨트롤Information Control

집단에 대한 비판적 정보에 휩쓸리지 않도록 정보를 통제한다. 그들만의 '만들어진 진리'를 준비해서 구성원이 의문을 가지면 '아직 미숙해서 모르겠지만 머지않아 알게 될 것이다.'라고 타이르는 등 스스로 객관적인 평가를 하지 못하게 만든다.

3. 사상 컨트롤Thought Control

철저한 가르침으로 집단의 교리와 새로운 언어 체계를 몸에 익게 하고, 거기에만 마음을 집중하기 위한 사고 정지 기술(구호를 반복하거나 노래하고 기도하기 등)을 사용하도록 한다.

4. 감정 컨트롤Emotional Control

사람의 감정의 폭을 교묘한 조작으로 좁히려고 한다. 특히 죄책감과 공포감을 활용한다. 자기 자신을 책망하도록 만들고, 집단에서 이탈하는 생각만으로도 패닉에 빠지는 공포를 느끼게 한다.

실제로 마인드 컨트롤을 당하면 벗어나기가 매우 어렵습니다. 스티븐 하산은 '그런 일은 마음 약하고 덜 똑똑한 사람에게만 일어나는 것이고, 나에게는 절대 일어날 리 없다.'고 믿는 것이 가장 큰 실수이며 '우리는 모두 약하다.'는 인식을 갖는 것이 중요하다고 말합니다. 그리고 처음부터 아예 관계를 맺지 않는 것, 조기 발견과 대처가 중요하다고 말하죠. 사이비 종교의 수법을 알아두면 도움이 될 것입니다.

유감스럽게도 하산의 책은 번역본을 구하기 어렵지만, 마인드 컨트롤을 다룬 책은 여러 가지 나와 있으므로 찾아보시길 바랍니다.

제3장

철학

의문을 제기하는 것에서
인생이 시작된다

{

철학은 한가한 사람이나 하는 학문이라는 말을 들을 때가 있습니다. '의문을 제기하고 깊이 생각하는 것'을 즐기기 때문이지요. 물론 여유 시간을 보내는 데 있어 철학은 넷플릭스나 유튜브 부럽지 않은 최고로 의미 있는 소일거리라고 생각합니다.

그렇다고 바쁘면 철학을 몰라도 된다는 의미는 아닙니다. 철학은 교양의 기둥과 같은 존재입니다. '본래 나라는 존재는 무엇인가?', '애초에 ○○는 무엇인가?'라는 근본적인 문제로 돌아가 생각하는 학문이 철학입니다. 말하자면 뉴스의 대척점에 서 있는 지식이지요. 대량의 정보에 노출되어 엄청난 속도로 변하는 오늘날에는 자기 자신을 잃기가 쉽습니다. 그럴 때 다시 출발점, 근본으로 되돌아가면 생각이 정리되고 마음도 차분해집니다.

인류의 가장 오래된 학문인 철학에 대해 교양으로서 큰 틀을 잡아두면 여러분의 인생에 분명 도움이 될 것입니다.

}

철학은 지혜를 사랑하는 일
: 소크라테스의 사고방식

이 책에서는 특별히 유명한 철학자를 소개하면서 사상의 흐름을 살펴보겠습니다(시대도 중요하기 때문에 생몰년을 함께 표기했습니다).

유명 고대 그리스 철학자라면 먼저 소크라테스 Socrates(기원전 469~기원전 399년)가 떠오를 것입니다. 소크라테스는 책을 남기지 않았기에 제자 플라톤 Plato(기원전 427~기원전 347년)이 쓴 《대화편》을 통해 그의 철학을 알 수 있습니다. 그중 유명한《소크라테스의 변명》은 꼭 읽어보기를 추천합니다. 여러 출판사에서 번역본이 나와 있습니다.

소크라테스는 어느 날 친구로부터 '아테네에 소크라테스보다 지혜로운 사람은 없다.'는 신탁이 있음을 전해 듣고, '나는 아무것도 모르는데 왜 지혜롭다고 하지?'라며 이상하게 생각합니다.

그리고 소피스트들을 만나죠. 이들은 변론술이나 자연과학을 가르치며 보수를 받는 지식인으로, 스스로 많이 안다고 생각했던 것들도 소크라테스와 이야기하는 사이에 헷갈리게 됩니다. 여기서 소크라테스는 깨닫습니다. '안다고 생각하면서 모르는 것보다 모른다는 것을 아는 내가 더 지혜롭지 않은가.' 이것이 그 유명한 '무지無知의 지知'입니다.

소크라테스는 자신이 산파라고 말했습니다. 마치 아이 낳는 것을 돕듯이, 질문을 해서 대화 상대방에게 지식의 탐구를 이끌어내는 사람이라는 것이죠. 소피스트들이 가정교사로서 특정 지식을 가르치는 것과는 다릅니다.

예를 들어 '정의란 무엇인가'에 관한 대화 장면을 봅시다. 아테네의 부자 케팔로스가 "정의란 정직함이며 빚진 것을 갚는 일입니다."라고 하자 소크라테스는 "친구가 제정신일 때 무기를 맡겨놨다가 미친 상태로 와서 돌려달라고 한다면, 무기를 건네주는 것이 정의로운가요?"라고 묻고, 케팔로스의 아들 폴레마르코스가 "정의란 좋은 친구에게는 이익을 주고 나쁜 적에게는 앙갚음하는 일입니다."라고 하자 "남을 해치는 것이 정말 정의로운 사람이 관여할 일일까요?"라고 묻는 식입니다. '정의란 ○○다.'라고 이야기하던 사람들은 계속되는 질문에 '어? 잘 모르겠네?' 하며 놀라게 됩니다.

이것이야말로 지식 사랑의 시작, 필로소피아라고 소크라테스는 말합니다. 철학은 영어로 필로소피^{Philosophy}라고 합니다. 원어인 그리스어로는 '지혜^{Sophia}를 사랑한다^{Philos}.'는 의미입니다.

우리도 '그렇구나, 아무것도 몰랐구나.' 하고 놀랄 때가 있죠. '그러면 진실은 무엇일까?' 그렇게 생각하는 순간이 지혜를 사랑하는 순간, 즉 철학의 시작입니다. 다시 말해 아무리 철학을 공부해도 깨닫지 못하면 '철학을 하지 않은 것'이 됩니다. 놀라움이나 깨달음이 없다면 철학자가 아닌 거지요. 반대로 모든 것에 계속 놀라움을 잃지 않는 사람이 있다면 철학자의 삶을 살고 있다고 볼 수 있습니다.

《철학 용어 도감哲学用語図鑑》

다나카 마사토田中正人 저, 2015년.

서양 철학의 전체상을 확인하기에도, 철학 용어를 살펴보기에도 좋은 책입니다. 그림으로 알기 쉽게 설명하였습니다. 속편에는 중국이나 일본의 사상, 영미권의 분석철학도 실려 있으니 함께 소장해도 좋습니다.

> (한국판) 《한눈에 보고 단숨에 읽는 일러스트 철학사전》, 이소담 역, 21세기북스, 2016년. 속편 《그림과 함께 이해하는 철학 용어 도감》, 김선숙 역, 성안당, 2019년.

《향연Symposion》

플라톤Plato 저, 기원전 416년경.

소크라테스를 비롯한 여섯 명의 사람이 즉석에서 사랑의 신 '에로스Eros'를 찬양하는 연설을 돌아가며 해나가는 내용입니다. 기원전 5세기에 연설이라는 형태의 문화가 있었다는 것이 놀랍습니다. 다 같이 이야기를 나누는 철학 본연의 모습이 오늘날을 사는 우리가 보기에도 매력적입니다. 이데아론 등 철학에 있어서 중요한 개념도 등장하고 해설도 충실합니다.

> (한국판) 《소크라테스의 변명·크리톤·파이돈·향연》, 박문재 역, 현대지성, 2019년.

모든 지식의 뿌리
아리스토텔레스

지식을 사랑하고 모든 학문을 사랑한 사람, '학문의 아버지'라고 불리는 사람. 바로 아리스토텔레스^Aristotle(기원전 384~기원전 322년)입니다. 플라톤의 제자이자 알렉산드로스^Alexander 대왕의 가정교사였습니다.

아리스토텔레스의 영향력은 절대적이어서, 예를 들어 '무거운 물체와 가벼운 물체를 동시에 떨어뜨리면 무거운 물체가 먼저 떨어진다.'라는 그의 낙하 이론을 세상은 오랫동안 믿어왔습니다. 16세기 갈릴레오 갈릴레이Galileo Galilei 시대까지는 아리스토텔레스의 말이 옳다고 여겼던 것입니다.

망치와 새의 깃털을 동시에 떨어뜨리면 무게 때문에 망치가 먼저 떨어진다고 생각하기 쉽습니다. 하지만 종이를 구겼을 때와 펼쳤을 때 무게 차이가 없어도 구긴 종이가 먼저 떨어지는 건 설명이 안 되지요. 실제 아폴로 15호가 달 표면에서 실험했더니 망치와 깃털이 동시에 떨어지는 것이 확인되었고요. 어쨌든 세상 사람들은 갈릴레오가 무게가 다른 두 개의 공으로 낙하 실험을 하기 전까지 2000년 가까이 아리스토텔레스의 생각을 믿었던 것이죠.

'카타르시스Katharsis'라는 말을 맨 처음 사용해서 비극에 대해 설명한 인물도 아리스토텔레스입니다. 카타르시스란 '영혼(정신)의 정화'라는 뜻으로 현대에도 연극이나 문학 비평 등에서 많이 쓰이죠. 아리스토텔레스는 《시학》에서 〈오이디푸스 왕〉처럼 유명한 그리스 비극을 이야기하면서 비극의 본질이 카타르시스에 있다고 말합니다. 주인공이 불행에 빠지는 걸 보며 '연민'을 느끼고, 나에게도 저런 일이 생길 수 있다는 '공포'를 떠올릴 때 관객의 감정이 정화된다는 것입니다.《시학》은 서양에서 가장 오래된 '예술론'입니다.

또한 아리스토텔레스는 도덕에 대해 탐구하는 학문인 '윤리학'의 창시자이기도 합니다.《니코마코스 윤리학》은 행복을 주제로, '행복해지기 위해 어떻게 덕을 닦아야 하는가?' 하는 물음에 대해 이야기하고 있습니다. 아리스토텔레스는 '중용의 덕'이 중요하다고 생각했습니다. 예를 들어 용기가 과하면 '만용'이고 부족하면 '겁쟁이'입니다. 그런 편향이 없는 딱 적당히 좋은 '용기'를 가질 필요가 있다는 거죠.

《니코마코스 윤리학Ethika Nikomacheia》

아리스토텔레스Aristotles 저, 기원전 340년경.

서양 최대 철학자 중 한 명인 아리스토텔레스가 윤리학 강의 용으로 쓴 노트를 정리한 것이 《니코마코스 윤리학》입니다. 행복을 주제로 얼마나 바르게 살 것인가를 이야기하고 있습니다. 오늘날의 우리가 읽어도 알기 쉽습니다. 지금 이 시대에도 아리스토텔레스의 책을 손에 넣을 수 있다니! 참 멋진 일이라고 생각합니다.

한국판) 《니코마코스 윤리학》, 천병희 역, 도서출판 숲, 2013년.

《시학Peri Poietikes》

아리스토텔레스Aristoteles 저, 기원전 330년경.

원제는 '시 창작의 기술에 대하여'라는 뜻을 가집니다. 스토리에서 사건을 어떻게 조합시킬 것인가를 가리키는 '플롯', 플롯의 중요한 포인트가 되는 '역전(운명의 급전환)', '인지(진실의 발견)', '수난(재앙적 사건)' 등을 분석한 가장 오래된 예술론으로 현대 작품을 보는 데도 참고가 됩니다. 재미있는 이야기를 쓰고 싶은 창작자라면 꼭 읽어보세요.

한국판) 《시학》, 천병희 역, 문예출판사, 2002년.

세계는
무엇으로 이루어져 있을까?

소크라테스 이전에 고대 그리스에서 태어난 사상을 '소크라테스 이전 철학Presocratics'이라고 정리합니다. 그만큼 소크라테스의 등장이 서양 철학사에서 큰 분기점이 되었다고 할 수 있어요.

소크라테스 이전에는 어떤 사상과 철학이 있었는지 잠깐 살펴보도록 하겠습니다. '세계는 무엇으로 이루어져 있는가?'를 탐구한 사람들이 역사상 이렇게나 많이 존재합니다.

탈레스

"만물의 기원은 물*이다."

탈레스Thales(기원전 624~기원전 546년)는 세계의 성립을 해명하려고 연구하면서 만물의 근원은 물이라고 주장했습니다. 탈레스는 저서를 남기지 않았지만 아리스토텔레스가 철학의 창시자로 소개하였습니다.

피타고라스

"만물은 수₩이다."

'피타고라스의 정리'로 유명한 피타고라스Pythagoras (기원전 582~기원전 496년)는 세계의 근원은 수이며 수적 질서가 우주를 조화롭게 만든다고 생각했습니다. 피타고라스 학파는 신비주의적이고, 세계관을 공유하는 일종의 교단입니다. 나중에 말씀드리겠지만 플라톤에게도 큰 영향을 주었습니다.

헤라클레이토스

"만물은 흐른다Panta Rhei."

헤라클레이토스[Heraclitus](기원전 540~기원전 480
년)는 "당신은 같은 강물에 두 번 몸을 담글 수 없다."는
말로 쉴 새 없이 흐르는 강물처럼 모든 것이 변한다고
설파했습니다. 세계의 본질이 '변화'라고 생각한 거죠.

데모크리토스

"진실에는 아톰[Atom](원자)과 케논[Kenon](허공)이 있을
뿐이다."

데모크리토스[Democritus](기원전 460~기원전 370
년)는 만물의 근원은 원자이며 원자가 허공 속에서 운
동하고 결합함으로써 세계가 만들어진다고 생각했습니
다. 그 시대에 근대 과학과 맥을 같이하는 사고를 했다
는 점이 놀랍습니다.

피타고라스가
플라톤에 미친 영향

플라톤은 '이데아론'을 폈습니다. 이데아^{idea}란 눈에는 보이지 않지만 영혼의 눈으로 볼 수 있는 '사물의 본질'이라고 할 수 있습니다.

가령 가구 장인이 의자를 만들 때 누가 만드냐에 따라 다양한 형태의 의자가 나올 수 있습니다. 하지만 우리는 각기 다른 형태를 두고도 '이건 의자다.'라고 판단할 수 있습니다. 또한 장인은 처음 만들어보는 형태라도 만들기 전부터 의자라는 것을 알고 만듭니다.

왜냐하면 의자라는 존재에 대해 어떤 관념이 있기 때문이죠. 이렇게 눈에는 보이지 않지만 모든 의자의 '공통된 무언가'가 이데아인 것입니다.

플라톤은 이데아가 우리 머릿속에 있을 뿐만 아니라 정말 존재한다고 생각했어요. 만물의 이데아가 이데아계에 존재하고 있고, 현실 세계에 존재하는 것은 이데아의 모조품이라고 주장합니다.

이데아론 탄생의 배경에는 피타고라스 학파의 영향이 있었다고 생각됩니다. 앞서 피타고라스 학파의 생각은 '만물은 수이다.'라고 했습니다. 사실 이데아론을 수학의 세계로 생각하면 매우 알기 쉬워집니다.

예를 들어, 정삼각형이 있다고 가정해봅시다. 실제로 직접 정삼각형을 그리다 보면 정확한 삼각형은 그릴 수 없습니다. 각각의 모서리가 60도여야 하지만 손으로 그리면 59도가 되거나 61도가 되어버립니다. 그런데도 현실에서는 이것을 정삼각형이라고 하는 거죠. 현실의 정삼각형은 정확하지 않지만 이상 속의 정삼각형은 존재합니다.

'현실의 것은 불완전하지만 완전한 것은 존재한다.'라는 이데아론의 생각은 기하학에서는 당연합니다. 애초에 정삼각형이라는 것이 관념 속의 도형이기 때문입니다. 피타고라스 학파 사람들에게 배운 플라톤은 이를 발전시켜 이데아론을 탄생시키지 않았을까 생각해봅니다.

'나는 생각한다, 고로 존재한다'의 충격적 의미

플라톤 이후 시간이 꽤 흐른 뒤에 다시 수학과 철학의 재회가 일어납니다.

데카르트$^{René\ Descartes}$(1596~1650년)는 철학사에서도 특히 유명한 철학자이지만 사실 수학자이기도 합니다. 방정식을 $ax^2+bx+c=0$이라고 쓸 수 있는 것은 데카르트의 공적입니다. 그때까지는 글로 작성하는 부분이 많았는데 표기법을 정해서 깔끔하게 만들었지요.

또 데카르트는 '좌표축'에도 공헌했습니다. x축, y축으로 표현되는 평면을 '데카르트 평면'이라고 부릅니다. 좌표축의 대단함은, 두 개의 직선이 있으면 각 직선부터의 거리로 모든 점의 위치를 나타낼 수 있다는 점입니다. z축을 더하면 공간상의 위치도 나타낼 수 있습니다. 모든 위치를 숫자로 파악할 수 있는 거지요.

그런 대단한 수학자 데카르트는 '나는 생각한다, 고로 나는 존재한다.'라는 유명한 말을 남겼습니다. 이 말은 그의 저서 《방법서설》에 등장합니다.

《방법서설》은 '양식良識('이성'과 같은 뜻)은 이 세상에서 가장 공평하게 배분되어 있다.'라는 문장으로 시작합니다. 누구나 갖추고 있는 양식을 사용해서 사물을 의심하거나 검증할 수 있습니다. 다만 양식도 연습하지 않으면 잘 쓸 수 없기 때문에 연습하자는 이야기도 하고 있습니다.

그리고 올바로 생각하는 방법에 관해 내용을 전개합니다. 데카르트 사고법의 바탕에는 수학이 있지요. '잘못된 논거로 판단하지 않도록 한다. 문제를 작게 분할하여 규칙과 순서에 따라 푼다. 마지막으로 일일이 따져보고 전체를 재검토한다.' 철학도 이와 같은 방법으로 문제를 풀어갑니다. 조금이라도 의심스러운 것은 폐기하고, 옳다고 확신할 수 있는 것을 찾고자 했던 데카르트는 모든 것을 의심했습니다. 눈에 보이는 것조차도 '정말 그럴까? 착각은 아닌가?' 하고 의심하기 시작하면 전부 다 수상합니다.

그렇게 모든 것을 의심하고, 모든 것이 의심스러워진 시점에서 단 한 가지 확실한 것이 있었습니다. 그것은 '의심하는 작업을 하고 있는 나 자신의 의식'입니다. 자기의식의 존재는 의심할 여지가 없다는 걸 발견한 것입니다. 이것이 그 유명한 '나는 생각한다, 고로 존재한다.'입니다.

올바른 생각이 일단 다 의심해보는 것부터 출발한다는 점이 참 재밌네요. 사실 우리의 보고 듣는 감각은 완전히 믿을 수 없긴 합니다.

제가 좋아하는 어느 버라이어티 방송에서 카레에 관한 실험이 방영된 적이 있었습니다. 일반적으로 카레 냄새를 맡으면 카레가 먹고 싶어진다고 생각합니다. 그런데 실은 반대로 카레가 먹고 싶기 때문에 카레 냄새가 난다고 합니다.

방송에서는 점심으로 카레를 먹은 스태프에게 눈가리개를 하고 카레 냄새를 맡게 하는 실험을 했습니다. 그 스태프는 열심히 냄새를 맡지만 "밥인가? 장아찌인가?"라며 그 냄새가 카레인지 구분하지 못했습니다.

왜냐하면 그는 이미 카레의 맛과 영양을 충분히 느낀 상태이기 때문입니다. 인간은 몸에 필요한 영양을 알아차리는 능력을 갖추고 있어서 그 냄새를 찾아낸다고 합니다. 카레를 먹기 전과 후, 세상에 대한 그의 인식이 달라졌습니다. 그만큼 인간의 감각은 믿을 수 없다는 이야기입니다. 그러니 전부를 의심해야 하며, 그 가운데 의심하는 자신의 의식만은 의심할 여지가 없다고 말한 인물이 바로 데카르트입니다.

데카르트의 이 사상은 획기적이었습니다. 그 전까지의 오랜 아리스토텔레스 사상과 기독교 사상에서 벗어나 '나 자신'에 주목하며 '근대적 자아의 각성'을 선언한 것입니다.

《방법서설Discours de la méthode》
데카르트René Descartes 저, 1637년.

'나는 생각한다, 고로 존재한다.'가 나오는 근대 철학이 시작되는 책입니다. 누구나 진리를 찾을 수 있는 방법을 구하고자 썼습니다. 대학에서 제 수업을 듣는 모든 1학년생에게 읽게 하고 있습니다. 한 번에 다 이해하려 하지 말고 여러 번 반복해서 읽으며 데카르트의 생각을 더듬어가는 독서법을 추천합니다.

한국판 《방법서설》, 김진욱 역, 범우사, 2009년.

코페르니쿠스적 전회의
칸트

다음으로 챙겨봐야 할 인물은 칸트^{Immanuel Kant}
(1724~1804년)입니다. 유명해서 여러분도 이름은 들
어본 적이 있을 겁니다.

칸트는 엄청난 것을 발견했어요. 그래서 이 발견을
스스로 '코페르니쿠스적 전회'라고 칭합니다.

하늘이 지구 주위를 돌고 있다는 '천동설'이 상식이
었던 시절에 코페르니쿠스^{Nicolaus Copernicus}는 지구가 태

양 주위를 돌고 있다는 '지동설'을 주창해 상식을 뒤집 었습니다. 즉 코페르니쿠스적 전회란, 상식을 완전히 정 반대로 돌려버릴 정도의 발견이라는 의미입니다. 그렇 다면 무엇이 그렇게 대단한 걸까요?

한마디로 말해 '대상'과 '인식'의 관계를 뒤집는 엄 청난 주장이었습니다.

칸트는 사물 자체를 알 수 없다고 말했어요. 우리는 어떤 사물을 보거나 만지면서 그 자체를 올바르게 인식 했다고 생각하잖아요? 하지만 칸트는 인간은 절대로 사 물 자체를 올바르게 인식할 수 없다고 말합니다.

사과를 예로 들어볼게요. 우리가 사과를 볼 때는 한 쪽 면만 보이고 반대쪽 면은 볼 수 없습니다. 또한 표면 은 보여도 안쪽까지는 알 수는 없지요. 뿐만 아니라 보 이는 범위만 따져봐도 육안으로는 파악할 수 없는 미세 한 상처 같은 건 알 수 없습니다.

저는 개를 매일 산책시키는데, 개와 나는 같은 길을 걷고 있어도 세계를 인식하는 방법은 서로 다를 것입니 다. 개는 후각이 인간보다 훨씬 뛰어나지만 반면에 색 은 뚜렷이 구분하지 못한다고 합니다. 개들은 냄새에 의지하여 정보를 얻고 있는 거지요.

독일의 생물학자 야콥 폰 윅스퀼Jakob von Uexküll의
《같은 공간, 다른 환경 이야기》에 따르면 진드기는 눈도
귀도 없고 미각도 없습니다. 그래서 진드기는 나무 위
에서 가만히 있다가 동물 냄새를 감지하면 몸을 떨어트
려 동물에 달라붙고 돌아다니며 피를 뺍니다. 그러다가
벗어나게 되면 다시 나무 위로 올라가 기회를 엿봅니
다. 이런 진드기가 보는 세계는 우리 인간의 세계와는
전혀 다릅니다. 사물을 보는 눈은 이 지구의 모든 생물
이 저마다 다르고, 더 나아가 한 사람 한 사람 각자가 또
다릅니다.

우리는 사물 자체를 파악할 수 없으며, 자신의 인식
시스템으로 대상을 인식하고 있습니다. 대상이 있기에
인식하는 것이 아니라, 인식이 먼저 있고 대상을 구성
한다는 것이 칸트의 생각입니다.

상식이 뒤집혔네요. 같은 사과를 보고 있다고 생각
하는 순간에도 나와 옆 사람은 각자의 머릿속을 거쳐
서로 다른 사과를 보고 있다니 말이죠. 이것이야말로
코페르니쿠스적 전회입니다. 잡담하다가 칸트 이야기
가 나올 때 "대단해! 코페르니쿠스적 전회 말이야."라고
용어를 써먹어 보세요. 주변에서 "오오!" 하는 소리가

들릴지도 모릅니다.

'세상을 보고 받아들이는 방식은 저마다 모두 다르다.' 정말로 그렇지 않나요? 단순히 말하면, 근시인 사람과 시력이 좋은 사람이 보는 세상은 전혀 다를 것입니다. 뿐만 아니라 소리도 젊은 사람에게만 들리는 음역이 있다고 하니까요.

믿음을 버리고
꼼꼼하게 기술하라
: 후설의 현상학

'인간이 대상을 인식해야 비로소 대상은 그 모습을 드러낸다.'고 칸트는 생각했습니다. 인간이 인식함으로써 대상에서 드러나는 그 모습이 바로 '현상'입니다. 인간의 능력으로 알 수 있는 것은 오직 이 현상계뿐입니다. '이데아를 찾아 헤맬 게 아니라, 현상계에서 진리에 다가가려 노력하면 돼.' 이런 사고방식은 '현상학'으로 이어집니다.

현상학의 조류를 만든 인물은 에드문트 후설^{Edmund Husserl}(1859~1938년)이라고 하지만 원조는 칸트였다고 할 수 있습니다. 후설이 제안한 것은, 사물을 기존의 믿음으로 판단하지 말고, 현상 그 자체를 꼼꼼하게 기술하자는 것입니다.

예를 들어, 우리는 '이것들은 사과다.'라고 굳게 믿지만, 그 생각을 일단 머릿속에서 지우고 사과의 모습을 꼼꼼하게 기술해보면 이 사과와 저 사과가 전혀 다른 사물이라는 것을 알 수 있습니다. 만약 누군가가 그렇게 기술된 내용을 본다면 100개의 사과 중에서도 그 사과를 "이거다!" 하고 찾아낼 수 있습니다. 그것이 바로 현상학적 기술입니다.

생각해보면 화가가 하는 일이라고도 말할 수 있겠네요. 개념적인 사과를 그리는 것이 아니라, 사과를 자세히 뜯어보면서 붓질로 하나하나 그려갑니다. 관찰을 통해서 존재 자체를 그려내려는 행위는 현상학적 기술과 같습니다.

저는 대학원 시절에 이 현상학을 활용해 공부했습니다. 멋대로 '숨의 현상학'이라는 이름을 짓고, 숨을 들이마시고 내쉬는 행위에 대해서 기존 생각을 전부 버리고 하나씩 꼼꼼하게 살피곤 했습니다.

고정관념이나 선입견을 버리고 있는 그대로를 관찰함으로써 신선함을 느끼고 새로운 발견에 감동할 수 있는 것이 현상학의 멋진 점입니다. 이러한 후설의 현상학은 하이데거, 사르트르, 메를로퐁티 등으로 계승되어 갑니다.

《지각의 현상학 Phénoménologie de la perception》
모리스 메를로퐁티|Maurice Merleau-Ponty 저, 1945년.

신체의 현상학에 관한 고전적인 명저입니다. 깊은 통찰로 가득 차 있습니다. 대학 시절 이 책에 가장 열중했던 기억이 있네요. 메를로퐁티는 사르트르, 레비스트로스 등 많은 지식인을 지인으로 두고 있어 그의 교우관계에 대해서도 알아보면 재미있을 것입니다.

(한국판) 《지각의 현상학》, 류의근 역, 문학과지성사, 2002년.

하이데거와
실존주의의 흐름

후설의 영향을 받아, 하이데거^{Martin Heidegger}(1889
~1976년)는 '세계 내 존재世界內存在'라는 개념을 제시합
니다. 세계 내 존재란, 우리는 세계 속에 살고 있다, 우
리는 세계를 구성하고 있다는 의미입니다.

예를 들어, 도로가 있고 차가 달리고 있을 때 그 도
로나 차는 인간이 사용하는 것으로서 거기에 존재합니
다. 우주 속에 오도카니 존재하는 것이 아니라 관계 속

에서 존재하는 거죠. 우리 인간은 그런 세계에 참가하고 있는 것이고요.

하이데거는 사물이나 다른 사람과 얽힌 세계 속에 존재하는 모습이 인간 본연의 모습이라고 생각했습니다. 우리가 태어났을 때부터 이미 세계는 존재하고 있습니다. 내가 단독으로 내 존재를 생겨나게 할 수는 없지요. 깨닫고 나면 이미 세계 속 존재가 되어 있는 것입니다.

우리가 세상에 내던져져 있다는 것을 '피투성被投性'이라고 합니다. 이런 시대, 이런 상황, 이런 유전자로 세상에 내던져지는 것은 스스로 결정할 수 없습니다. 부조리하다고 할 수 있어요. 부조리하지만 인간은 자신이 나아갈 길을 계획하고 선택해나갈 수 있습니다. 스스로 자신을 자신의 길로 내던지는 것, 이것이 '기투성企投性'입니다.

또한 인간은 죽음을 피할 수 없습니다. 언젠가는 죽는다면 나 자신의 삶을 살아야겠다고 생각하고 미래를 향해 선택해나가는 것이 인간입니다. 부조리하게 던져지기만 한 존재가 아니라 자신의 가능성을 열고 미래를 만들어가는 존재이기도 합니다. 이를 '피투적 기투被投的 企投'라고 합니다.

유한한 시간을 의식하는 사람은 남들이 하는 대로, 시키는 대로 떠밀려가기보다는 내가 정말 하고 싶은 것, 내게 중요한 것에 집중하게 되겠죠. 그래서 하이데 거는 인간은 자신의 죽음을 의식한 '본래적' 삶의 방식 을 취해야 한다고 말한 것입니다. 이 사고방식은 '실존 주의'로 묶입니다. 실존주의적인 삶의 방식은 세계적인 붐이 되었습니다.

실존주의 사상가로 유명한 다른 인물은 장 폴 사르 트르Jean Paul Sartre(1905~1980년)입니다. 사르트르는 '실존은 본질에 앞선다.'는 말로 실존주의를 표현했지 요. 인간은 깨닫기 전에 이미 존재(실존)하기 때문에, 존재의 이유라고 할 수 있는 '본질'을 나중에 만들어가 야 한다는 의미입니다.

사르트르는 《존재와 무》나 《실존주의란 무엇인가》 와 같은 저서가 있지만 소설도 남겼습니다. 소설 《구토》 는 서른 살의 주인공 '로캉탱'이 여러 가지 것에서 의문 의 구토를 느낀다는 이야기입니다.

어느 날, 그는 마로니에 나무의 뿌리를 보며 구토를 느끼고, 그 정체를 깨닫게 됩니다. 나무뿌리는 왜 거기 있어야 하는지 설명될 수 없으며 그냥 있을 뿐입니다. 존재의 이유 없음, 부조리함이 그에게 구토를 불러일으켰던 것입니다. 우여곡절 끝에 로캉탱은 소설을 쓰고자 다짐합니다. 그냥 태어났으니 사는 삶이 아니라 스스로 존재의 이유를 만들어가려는 것입니다.

사르트르와 동시대에 활약했던 알베르 카뮈^{Albert Camus}(1913~1960년)도 실존주의적인 작품을 남겼습니다. 예를 들어《시지프 신화》는 그리스 신화를 소재로 부조리에 맞서는 남자를 그리고 있습니다. 시지프는 신의 분노를 사서 큰 바위를 산꼭대기로 운반하는 벌을 받는데, 산꼭대기로 운반을 마치자마자 바위는 굴러떨어지고 맙니다. 그래서 다시 무거운 바위를 옮겨야 합니다. 이를 반복하면서 시지프는 '좋아, 한 번 더!'라고 생각합니다.

주어진 삶 앞에 수동적이거나 포기하는 것이 아니라 자신의 운명은 자신이 쥐고 있다는 강한 의지의 표명이라고 하겠습니다.

《시지프 신화Le mythe de Sisyphe》
알베르 카뮈Albert Camus 저, 1942년.

부조리를 주제로 카뮈의 논고가 여러 개 실려 있는 책입니다. 표제인 시지프 신화는 단 10페이지 정도의 짧은 에세이입니다. 읽기 쉽고 실존주의 사상을 접할 수 있어 추천합니다. '시지프는 〈부조리의 영웅〉'이라는 표현이 인상적입니다.

(한국판) 《시지프 신화》, 김화영 역, 민음사, 2016년.

'초인이 돼라'는
니체

지금까지 서양 철학의 유명인을 몇 명 소개했는데, 마지막으로 니체를 언급하고 싶습니다.

프리드리히 빌헬름 니체^{Friedrich Wilhelm Nietzsche}(1844~1900년)는 실존주의의 선구자라고 불립니다. '진리는 신에게 있다.'라는 기독교 사상을 비판하고, 인간은 더 자유로운 정신을 갖고 능동적으로 사는 것이 중요하다는 메시지를 작품에 담았기 때문입니다. 니체의 대표작 《차라투스트라는 이렇게 말했다》에서는 기독교적인 이상 대신에 '초인'과 '영겁 회귀'의 사상이 전개됩니다.

초인이라고 하면 슈퍼맨 같은 존재를 떠올리지만 그렇지 않습니다. 니체가 말하는 초인은 기존의 가치관에 얽매이지 않고 새로운 가치를 창조하는 인간을 가리킵니다. 작아진 자신, 두려워하는 자신을 용기 있게 극복해나갈 수 있는 사람입니다.

그리고 니체는 어떤 때라도 자신의 의지로 선택하라고 말합니다. 그것은 과거에 대해서도 마찬가지입니다. 지금 이 순간이 멋지다면 과거의 시련들도 필요했던 일로 느껴지는 것처럼, '그랬었다.'라며 각종 괴로운 기억에 갇히는 대신 오히려 '내가 그걸 원했다!'라고 당당하게 외치는 순간 과거의 의미는 새롭게 창조됩니다. 우리는 우리 자신의 힘으로 과거에 대한 원한에서 빠져나와 삶을 긍정하고 스스로를 구원할 수 있다는 것이 니체의 이야기입니다.

비록 지금 힘든 상황이거나 인생이 혹독하더라도 '좋아, 한 번 더!'라며 스스로 일깨워줍시다. 몇 번이라도 반복해주겠다는 마음가짐이 바로 영겁 회귀 사상입니다. 부조리에 위축될 것이 아니라, 스스로 결단하고, 어려움을 맛본 후에도 "좋아, 한 번 더!"라고 말할 수 있는 힘을 기르자는 의미입니다.

얼마 전 한국 드라마 〈이태원 클라쓰〉를 보다가 마지막 회쯤에 니체의 말인 "몇 번이라도 좋다. 이 끔찍한 생이여, 다시!"가 나와서 놀란 적이 있습니다. '조이서'라는 IQ가 높고 인플루언서인 여성이《차라투스트라는 이렇게 말했다》를 읽고 인용한 것입니다. 니체의 말은 멋지고 가슴에 와닿는 울림이 있지요.

그럼 니체가 말하는 초인이 되려면 어떻게 하면 될까요.《차라투스트라는 이렇게 말했다》에는 '정신의 세 단계 변화'가 기술되어 있습니다.

첫 번째 단계는 '낙타가 되기'입니다. 의무를 수행하고 부담을 견디는 것을 낙타에 비유해 말하고 있습니다.

두 번째 단계는 '사자가 되기'입니다. 자유를 쟁취하여, 나를 지배하려는 자에게 '아니오'라고 말합니다. '너는 ~을 해야 한다.'는 의무에 맞서 '나는 ~하기를 원한다.'는 정신을 가집니다. 사자는 정신의 자유를 상징합니다.

세 번째 단계는 '어린아이 되기'입니다. 사자 위에 어린아이가 있다니 의외지요. 아이들이 놀 때 새로 규칙도 만들고 뭐든 금세 잊고 다시 시작하는 것처럼, 놀이하는 마음은 창조적입니다. 누군가와 싸우는 것이 아니라 지금의 세계를 긍정하고 순진무구하게 놀고 즐기는 존재 방식이야말로 인간 정신의 최종적인 모습이라고 니체는 생각했습니다.

여러분의 정신은 어느 단계에 있나요? 이런저런 세상의 의무를 힘겹게 짊어지고 가는 낙타인가요, 새로운 시작과 창조를 즐기는 어린아이인가요? 니체는 우리에게 인생을 놀이하는 아이의 마음으로 살라고 가르치고 있습니다.

철학이나 사상이라고 하면 지적인 이미지가 강하지만 저는 니체의 도전 정신과 용기를 배워야 한다고 생각합니다. 철학자들은 모두 용기를 가지고 새로운 생각을 제시해왔습니다. 그래서 철학을 배울 때는 '새로운 생각에 도전한다.'는 마음가짐을 가지면 더 즐거워진답니다.

추천 도서

《차라투스트라는 이렇게 말했다Also sprach Zarathustra》
프리드리히 빌헬름 니체Friedrich Wilhelm Nietzsche 저, 1883년.

'초인'이나 '영겁 회귀' 사상을 표현한 니체의 대표작. 제가 가장 좋아하는 작품으로 학생들에게 반드시 읽도록 추천하는 책입니다. 니체의 문장은 시적이고 알기 쉬우며 임팩트가 있습니다. 난해한 철학책을 읽는 것은 힘들지만, 니체의 말은 마음에 쏙 들어옵니다.

(한국판) 《차라투스트라는 이렇게 말했다》, 장희창 역, 민음사, 2004년.

주어 없는 문장 속
'순수 경험'

교토에 가보신 분이라면 알 만한 '철학의 길'이라
는 명소가 있습니다. 철학자 니시다 기타로^{西田幾多郎}
(1870~1945년)가 그 길을 산책하며 사색을 즐겼다고
해서 붙여진 이름이지요. 봄에는 벚꽃이 흐드러지고 가
을엔 단풍이 곱게 물드는, 이 아름다운 철학의 길은 과
연 그를 어떤 생각으로 이끌었을까요?

니시다의 저서《선의 연구》는 일본인이 쓴 첫 철학서로 1911년에 출판되었습니다. 이 책이 제시하는 사상은 '순수 경험'입니다.

'순수 경험'이란 반성이나 판단을 하기 전, 주관과 객관이 구분되지 않는 직접적인 경험을 말합니다. 서양 철학에서는 인식하는 주체와 인식되는 객체라는 이원론이 확립되어 있었지만, 니시다는 주체와 객체가 나누어져 있지 않고 혼연일체가 된 상태, 즉 주객미분主客未分이 근본이라고 생각했습니다.

예를 들어, 갑작스러운 비에 젖어버린 상황이라고 합시다. 여기서 순수 경험은 '빗물에 젖어 있음'입니다. 그런 일이 존재할 뿐, 주체는 존재하지 않습니다. '빗방울이 내 몸에 맞았다.'라는 인식은 사리 분별을 통해 나중에 추가된 이유 같은 것이지요.

철학자 나가이 히토시永井均는 노벨 문학상을 수상한 가와바타 야스나리川端康成의 소설《설국》의 첫머리를 들어 순수 경험에 대한 설명을 하였습니다.

'국경의 긴 터널을 빠져나오자 설국雪國이었다.'는 것은 별도

의 어떤 인물이 우연히 겪은 경험을 설명하는 문장이 아니다. 국경의 긴 터널을 벗어나니 설국이었던 일 자체에 아직 그 경험을 하는 주체는 존재하지 않는다. 니시다 기타로의 용어를 사용하면 이 문장은 주체와 객체가 나누어지기 이전의 '순수 경험'을 묘사한 것이다.

아나나 다를까, '국경의 긴 터널을 빠져나오자 설국이었다.'라는 유명한 문장은 주어가 없습니다. 누가 혹은 무엇이 터널을 빠져나왔는지 모르기 때문에 이대로는 영어로 번역을 할 수 없습니다.

이 문장의 영어 번역본은 주어가 'The train'으로 되어 있습니다. 국경의 긴 터널을 빠져나온 것은 '열차'일까요? 아니면 '나'일까요?

그런데 '내가 국경의 긴 터널을 빠져나오자'라고 하면 다소 이상한 느낌이 듭니다. 혼자 걸어서 터널을 나온 것도 아닐 테고, 어쩐지 이 문장의 장점이 훼손되는 것 같네요.

《설국》의 많은 문장도 그렇고 일본어 표현에 주어가 없다고들 이야기하는데, 어쩌면 순수 경험이 드러나 있다고 생각할 수 있겠습니다. 영어에선 반드시 주어가 존재해야 한다는 점과 비교하면, 주어가 생략되는 건 주객을 나누지 않는 사고방식이 밑바탕에 깔려 있어서 그럴지도 모른다는 생각이 듭니다.

그래서인지 서양 철학은 동양 사상이 바탕인 입장에서는 조금 이상하게 느껴지는 부분도 있습니다. 저는 학창 시절 사르트르의 《구토》를 읽다가 주인공이 존재의 이유가 설명될 수 없는 나무뿌리를 보고 구토를 느끼는 것에 대해 '동양인이라면 오히려 정해진 목적이나 이유가 없는 존재 자체에 기쁨을 느끼지 않을까?'라고 갸웃한 적이 있습니다.

니시다 기타로는 선禪의 대가인 스즈키 다이세쓰鈴木大拙와 동급생으로 친하게 지냈습니다. 선 사상은 '지금 여기에 집중하고 무심無心해진다.'는 것입니다. 무심의 경지는 판단하려는 마음이나 온갖 생각을 떠난 고요한 마음 상태입니다. '내가, 내가' 하는 나 중심의 인식을 떼어내고 무심해졌을 때 나타나는 세계가 '선'적인 세계입니다. 순수 경험과 선에는 어떠한 연결고리가 느껴져서 재미있네요.

《선의 연구善の研究》

니시다 기타로西田幾多郎 저, 1911년.

메이지 시대에 쓰인 첫 철학서입니다. 서양 철학과 일본적인 사상을 융합시켜 만들어낸 독자적인 철학을 '니시다 철학'이라고 부릅니다. 이 책의 핵심 개념은 '순수 경험'입니다. 글이 다소 난해하지만 해설을 참고해서라도 꼭 한번 읽어보기를 추천하는 책입니다.

한국판 《선의 연구》, 윤인로 역, 도서출판 b, 2019년.

《선과 일본문화禪と日本文化》

스즈키 다이세쓰鈴木大拙 저, 1964년.

선은 일본문화에 널리 영향을 미치고 있습니다. 예를 들면 간사이 지방으로 수학여행을 가는 학생들은 좌선을 경험해보곤 합니다. 일본문화에 관심 있는 분이라면 일본을 더 깊숙이 이해할 수 있는 책입니다. 이 책을 읽으면 선이 우리 모두의 안에 있다고 느껴집니다.

참고 《선이란 무엇인가?》, 스즈키 다이세쓰 저, 이목 역, 이론과 실천, 2006년.

구분과 경계를 초월한
동양 사상

주체도 객체도 없이 하나라는 감각은 동양적입니다.

고대 인도의 우파니샤드 철학의 중심에는 범아일여
梵我一如 사상이 있습니다. 우주를 지배하는 원리인 '범梵'
을 '브라만', 개인인 '아我'를 '아트만'이라고 부르며 브라
만과 아트만이 동일함을 아는 것이 궁극의 깨달음이라
는 사고방식입니다.

중국의 '노장사상'에도 비슷한 부분이 있습니다.

노자老子(기원전 604년경~기원전 5세기 초)는 '도道'라는 개념을 제시하면서 우리가 이것저것 재는 것보다 자연 그대로가 좋다고 했습니다. 모든 것을 있는 그대로 받아들임으로써 더 잘 살 수 있다고 생각했지요.

무위자연無爲自然이라는 노자의 주장에 따르면, 세상 만물은 상대적이고 항상 변화하는데 인간은 여기에 선과 악, 길고 짧음, 아름다움과 추함, 행복과 불행 등 고정된 이름을 붙여 구분하려 들기에 괴로워진다고 합니다. 모든 구분이 헛되고 억지스럽다는 것을 알면, 비교 판단하는 마음과 더 좋은 걸 욕심 내는 행동을 버리고 그대로의 상태로도 만족할 수 있게 됩니다. 노자는 흐르는 물처럼 뭔가를 목적하지 않고 소유하려 들지 않고 억지가 없는 자연스러운 모습이 '도'의 길이라고 보았습니다.

장자莊子(기원전 369~기원전 286년)는 '도'의 경지에 오르면 모든 것이 같다고 했습니다. 이것을 만물제동萬物齊同이라고 합니다. 생김새는 다양해도 모든 것은 '도'라는 근본 원리의 변형일 뿐, 원래는 같다고 말합니다.

장자의 호접지몽胡蝶之夢이라는 유명한 설화가 있습니

다. '꿈속에서 나비로 팔랑팔랑 날다가 눈을 떴는데, 내가 나비가 된 꿈을 꾼 것인지, 아니면 나비가 내가 된 꿈을 꾸고 있는 것인지 모르겠다.'는 내용입니다. 장자는 나비도, 인간인 자신도 모두 진실이며, 대립이나 구별을 초월한 세계에서 살라고 이야기합니다.

《노자》나 《장자》를 읽으면 마음이 차분히 안정됩니다. '뭘 그렇게 아등바등했을까?' 하는 생각이 절로 들지요.

서양 사상뿐만 아니라 동양 사상도 알아야 균형을 맞출 수 있지 않을까요?

동양인인 우리에게 지나치게 속도가 빠른 서양 사회는 스트레스가 쌓이기 쉽습니다. 자연 속에서 자신을 해방시키고 자연과 일체되는 감각을 갖는 것은 좋은 일입니다. 명상이나 좌선을 실천하는 것도 좋겠지요. 명상, 요가 등 선(禪)적인 것들이 서양 사회에서 열풍을 일으키고 있는 걸 보면 서양 사람들도 마음이 지쳐 있는 듯합니다.

또한 동양 사상을 배우는 것은 동양인으로서 정체성을 획득하는 일로도 이어집니다. "당신은 동양인입니까?"라고 물으면 "네, 그렇습니다."라고 대답하지만 스스로 의식하는 일은 잘 없다고 생각합니다. 하지만 동양 사상은 자연스럽게 생활이나 가치관에 스며들어 있습니다. 정체성의 하나로 삼을 수 있다면 정신적인 버팀목이 되어줄 것입니다.

제4장

역사

인류의 실패와 성공에서 배울 점

{

세계사를 아는 것은 인류에게 매우 중요한 일입니다. 미래를 예측하는 일은 어렵지요. 아마도 코로나19 사태 전에 현재 상황을 예언한 사람은 거의 없을 것입니다. 하지만 과거를 통해 배울 수는 있습니다. 역사를 알고 깊이 배우다 보면 어느 정도 패턴이 보입니다. 예를 들어, 버블 경제도 처음 터졌을 때는 '왜 이런 일이 생겼지?'라고 생각하지만 역사를 거슬러 올라가면 '아, 거품이 꺼질 것 같은데!'라고 예측할 수 있고 대비할 수도 있습니다.
'역사는 반복된다.'라는 말도 있듯이 인간은 같은 일을 반복해오고 있어요. 역사에서 배운 지식으로 우리는 더 나은 세상을 지향할 수 있습니다.

}

'세계사'를 배우는
근본적 의의

고등학교에서 배우는 교과목 중에 '세계사'는 지식의 큰 기둥 역할을 합니다. 하지만 예전에는 세계사를 선택하지 않아 거의 배우지 않았다는 사람도 많습니다. 대학 입시에서 세계사를 선택하는 사람은 매우 적었지요.

물론 '국사'도 중요하지만 따지고 보면 국사는 세계사의 한 분야입니다. 세계의 역사 속에서 자국을 바라볼 수 없다면 그것은 참 곤란한 일이 아닐 수 없습니다.

수험에 필요한지 아닌지 이전에, 세계사는 필수로 몸에 익혀야 할 교양입니다.

지금은 세계사를 교양의 중심으로 다시 보는 시선이 많아졌고 진지하게 다루게 되었습니다. 그 결과 일본 고등학교에서는 1994년부터 세계사가 필수화되고 있습니다.•

저는 입시 과목으로 세계사를 선택했는데 너무 잘했다고 생각합니다. 기본적인 연도나 흐름을 외우거나 논술 시험을 준비하면서 세계사의 큰 흐름을 파악하고 현재를 바라보는 감각을 키웠습니다.

큰 틀에서 역사를 파악하지 못하면 넓은 시야로 세상을 디자인하는 세계관을 갖기 어렵습니다. 세계사 지식이 없는 세계관은 망상에 불과하다고 생각합니다.

• 한국의 경우 세계사는 제5차 교육과정(1990~1995년)을 제외하고 줄곧 선택과목으로 지정되었다. 한국교육과정평가원 발표에 따르면 2023년 수능 사회과목 응시자 중 세계사 선택 비율은 7퍼센트가량이며 이는 9과목 중 8위에 속한다. 역사교육자 김칠성의 논문에서는 "안타깝게도 세계사 과목은 (…) 그 의미와 존재가 사멸될 위기에 처해 있다."고 언급된다.(출처: 김칠성, 〈고등학교 세계사 교육의 문제와 교과서 서술의 개선 방안 모색〉, 서울대학교 교육종합연구원, 2017.)

어른의
세계사 공부법

학교 교육에서 '세계사'는 연도나 키워드를 기억하는 주입식이 많았을지 모릅니다. 물론 그것도 헛되지 않아 언제쯤 무슨 일이 있었다고 암기한 지식은 도움이 됩니다.

다만 성인이 세계사를 다시 배운다면 조금 더 깊이 있게 들어가 보는 게 좋겠지요. 세계사를 보는 시각은 여러 가지라서 조금만 각도를 달리해도 또 다른 해석을 할 수 있죠. 다양한 관점의 책을 접하면 한쪽 면만 바라

보는 시각에서 벗어날 수 있습니다.

그리고 역사는 고정되어 있지 않아요. 새로운 자료를 발견할 수도 있고 해석이 달라지는 일도 있습니다. 예를 들어, 러시아의 우크라이나 침공으로 지금까지의 전쟁에 대한 해석이 달라질지도 모릅니다. 세계적 석학 에마뉘엘 토드Emmanuel Todd는 《제3차 세계대전은 이미 시작되었다》라는 책을 긴급히 집필했을 정도입니다. 제1차 세계대전과 제2차 세계대전은 어땠는지 다시 한번 생각하게 됩니다.

역사도 업데이트되어 가는 것입니다. 그런 인식을 바탕으로 다시 배우러 떠나볼까요?

잊지 말아야 할
지배와 살육의 역사

먼저 인류의 부정적인 역사를 복습해보겠습니다.

세계사의 중요한 전환점 중 하나는 '대항해 시대'입니다. 스페인의 원조를 받은 이탈리아인 콜럼버스 Christopher Columbus는 인도를 목표로 출항하여 1492년에 신대륙을 발견했습니다. 바로 아메리카 대륙입니다. 그들이 상륙한 곳은 남북 아메리카에 긴 현재의 산살바도르섬이었지요. 이후 스페인은 북아메리카로 진출하여 그곳에 살던 원주민들을 무력으로 제압하여 땅을 빼앗습니다.

남아메리카에서도 큰일이 일어났어요. 코르테스 Hernán Cortés는 스페인 국왕의 명을 받아 현재 멕시코에 있던 아즈텍 제국을 멸망시켰고(1521년), 피사로 Francisco Pizarro가 이끄는 스페인군은 남아메리카에 침입하여 잉카 제국을 멸망시켰습니다(1533년).

선교사 라스 카사스Las Casas가 쓴《인디아스 파괴에 관한 간략한 보고서》라는 문서가 있습니다. 인디아스는 15세기 말부터 16세기 초까지 스페인이 차지한 남북 아메리카 대륙의 지역을 말합니다. 여기서 얼마나 잔혹한 행위가 벌어지는지 본국 스페인에 보고하기 위해 라스 카사스는 문서를 작성했습니다.

원래는 정복자Conquistador 콩키스타도르 군대에 속한 신부로서 아메리카에 건너가 식민지 개척에 관여했던 인물이지만 그곳에서 일어나는 비참한 상황을 목격하고 가만히 있을 수 없었다고 합니다. 기록을 남기는 건 가치 있는 일이었다고 생각합니다.

라스 카사스에 따르면 그가 목격해온 40년 동안 목숨을 빼앗긴 아메리카 원주민은 1500만 명이나 됩니다. 기독교인들이 가능한 한 최단 시일 내에 재물을 쌓고 높은 지위에 오르고자 경쟁하듯이 원주민을 살해하고 땅을 빼앗은 것입니다.

현재, 남미에서 사용되는 언어는 스페인어와 포르투갈어가 대부분입니다. 브라질은 포르투갈어, 그 외의 나라들은 스페인어가 공용어입니다. 또 기독교인이 과반을 차지합니다. 재산뿐만 아니라 언어나 신앙과 같은 정신의 근간까지 지배당한 셈이지요.

당초 스페인과 포르투갈은 아메리카 식민지 경영에 원주민을 노예로 부렸습니다. 그러나 원주민을 혹사한 탓에 인구가 급격히 줄어 노동력이 부족한 상황에 이릅니다.

그러자 아프리카 대륙의 흑인 노예를 대량으로 공급하는 '노예무역'이라는 것이 시작됩니다. 인간을 상품으로 취급한다는 뜻으로 '무역'이라는 말을 사용했다는 자체가 잔인합니다. 노예무역으로 아프리카에서 아메리카로 끌려온 흑인은 약 1000만 명에 이른다고 알려져 있습니다.

이처럼 1492년 콜럼버스부터 노예무역이 이루어진

17세기, 18세기경까지 세계적인 규모로 지배와 살육이 행해졌습니다. 끔찍한 비극입니다.

그 후 아프리카 국가들이 독립한 것은 1960년 전후 (1960년은 '아프리카의 해'라고 불립니다)이므로 정말 오랫동안 지배를 받았네요. 인도도 1947년 독립하기 전까지는 영국의 식민지였습니다.

추천 도서

《인디아스 파괴에 관한 간략한 보고서Brevísima relación de la destrucción de las Indias》

바르톨로메 데 라스 카사스Bartolomé de las Casas 저, 1552년.

선교사 라스 카사스가 스페인의 중남미·남미지역 정복 활동의 비참함을 목격하고 그 실태를 고발한 문서입니다. 매우 짧지만 이렇게 충격적인 책은 유례가 없습니다. 눈을 돌리고 싶어지는 잔학 행위가 적혀 있지만 침략의 역사를 되풀이하지 않기 위해서라도 진실을 바라봐야 할 것입니다.

(한국판) 《인디아스 파괴에 관한 간략한 보고서》, 최권준 역, 북스페인, 2007년.

《고대 잉카·안데스 불가사의 대전古代インカ・アンデス不可思議大全》

시바사키 미유키芝崎みゆき 저, 2022년.

일러스트와 유머가 듬뿍 담긴 책으로, 잉카 문명과 고대 안데스 문명에 대해 알려주고 있습니다. 페이지에 담긴 많은 정보에 감탄하게 됩니다. 같은 저자의 *《고대 이집트 지식 도감》, **《고대 그리스 지식 도감》도 모두 적극 추천합니다.

(한국판) *《말 많은 이집트 지식여행》, 박정임 역, 서해문집, 2007년.
**《말 많은 그리스 지식여행》, 장미화 역, 서해문집, 2011년.

자본이 강한 나라가
지배하는 시대

대항해 시대 다음은 '제국주의 시대'입니다.

18세기 후반부터는 영국을 중심으로 산업혁명이 일어납니다. 공업 생산 기술의 혁신과 석탄, 석유의 에너지 사용 개시 등에 힘입어 자본주의 사회가 확립되지요. 영국은 산업혁명으로 인해 자본을 크게 키웠고 거대한 힘을 갖게 되었습니다. '대영제국', '세계의 공장', '태양이 지지 않는 나라'라는 말을 들으며 크게 번영했습니다. '태양이 지지 않는 나라'는 전 세계에 영국 식민지가 있기 때문에 한 영토에서 해가 져도 다른 영토에서는 해가 뜬다는 것을 말합니다.

제국주의를 간단히 말하면, 자본이 강한 나라가 약한 나라를 지배하여 제국을 만드는 정책입니다. 이는 자본이 약한 나라의 영토를 점령하고 계속 지배하는 식민지 제도를 확립시켰습니다. 식민지가 된 나라들은 원료 공급국으로 전락해버리죠.

예를 들어, 인도는 면화를 생산하여 영국에 공급했습니다. 면화로 면제품을 만드는 나라는 영국입니다. 인도는 영국에서 면제품을 사야 합니다. 이래서는 아무리 시간이 흘러도 돈을 벌 수 없습니다. 인도인 스스로 면제품을 만들면 팔을 잘라내는 끔찍한 처벌이 뒤따랐습니다.

급기야 생필품인 소금까지 영국이 독점으로 만들어 파는 전매제가 시행되었습니다. 인도 바다에서 나는 자연의 선물인 소금도 마음대로 만들지 못하고 위반하면 벌을 받았습니다. 무슨 그런 터무니없는 일이 있을까요.

1930년 간디Mahatma Gandhi는 이에 항의하여 '소금 행진'을 벌였습니다. 소금을 만들기 위해 해안까지 360

킬로미터의 긴 거리를 행진하고 해안에 도착하여 소금
과 진흙 덩어리를 건져 올렸습니다. 이는 폭력을 사용
하지 않는 저항운동으로 보도되었고 영국의 악행이 세
계에 알려지게 되었습니다.

제국주의에 휩쓸린
아시아

제국주의의 마수는 일본에도 뻗쳐왔습니다.

1853년 흑선●을 탄 미국 동인도함대 사령관 페리

Matthew Perry가 찾아와 에도 막부에 개항을 재촉합니다.

그리고 1858년에 '미일수호통상조약'이라는 불평등 조

● 당시 유럽의 배는 타르로 선체를 검게 칠하고 있었기에 '검은 배'라 불
  리게 되었다.

약을 맺게 되었습니다. 관세에 대한 자주권을 포기하고 외국인을 국내법으로 재판할 수 없는 치외법권*을 인정함으로써 외국인이 일본에서 하고 싶은 대로 할 수 있는 구조가 만들어진 것입니다. 그야말로 먹잇감이 되어가는 상황입니다.

당시 일본은 이웃 청나라가 아편전쟁으로 영국에 너덜너덜해지는 것을 목격했습니다. 상하이에 가 있던 막부의 사절단 일행은 이대로 가다가는 일본도 당하고 말 것이라는 위기감을 가지게 되었고, 에도 막부를 무너뜨리고 근대국가를 만들겠다는 계획을 세웁니다. 그리고 메이지 천황을 중심으로 세워 서구 열강 안으로 들어가려고 합니다. 메이지 정부의 슬로건에는 '부국강병', '문명개화' 등이 있었고, 대단한 기세로 서구를 따라잡으려고 힘썼습니다.

'탈아입구脫亞入歐', 아시아를 벗어나 서구 열강에 진입하겠다는 의미입니다. 계몽사상가 후쿠자와 유키치福

---

* 외국인이 자신이 체류하고 있는 국가의 법률과 규칙을 따르지 않아도 되는 권리.

沢諭吉가 주창했다고 알려져 있지만 그의 진의는 자유로운 개인과 독립된 국가를 지향해야 한다는 데 있었습니다. 후쿠자와는 메이지 유신의 주역 중 한 명이 되었고 그 결과 아시아에서는 일본만이 급속한 근대화에 성공했습니다.

그리고 일본은 '식민지를 가지는 쪽'을 선택하고 맙니다. 이윽고 쇄국 중이던 조선으로 출병하여 제압하자는 정한론이 대두됩니다. 메이지 유신으로 일자리를 잃은 무사들의 불만을 해소시키려는 목적도 포함해서 정치가 사이고 다카모리와 이타가키 다이스케 등이 주장했습니다. 오쿠보 도시미치 등이 이에 반대하면서 정한론은 사그라졌지만, 이후 한일 병합의 형태로 조선을 지배하게 됩니다.

1910년부터 1945년 항복문서에 서명할 때까지 약 35년간 일본은 한반도를 지배했습니다. 이 사실은 지금도 화근으로 남아 있습니다.

정한론에서 시작된 일본의 국외 진출은 그 후 중일전쟁으로, 그리고 태평양전쟁으로 전개되어 갑니다. 최악의 흐름으로 치달았습니다.

일본의 제국주의는
어디서부터 잘못되었는가

일본의 대실패는 어디서 비롯된 것일까요?

'서구 열강에 지배당할 것 같으니 방어한다.'고 생각
한 것까지는 좋았습니다. 국력을 높이고 독립을 유지하
려는 것은 좋지만 '우리도 서구 열강처럼 식민지를 차
지하자.'라며 다른 나라로 나간 것은 잘못된 생각이었습
니다.

세력이 가장 강했을 때의 일본제국 판도를 보면 동

남아시아와 태평양의 섬 일부를 포함해 광대한 영토를 획득하고 있었다는 사실에 놀라게 됩니다. 이렇게 넓은 지역을 식민지로 만들려고 했다니, 어처구니없는 일을 저질렀다고 말하고 싶습니다. 당시에는 망상에 빠져 '계속 가자!'라고 했겠지요.

앞서 일본이 서구 국가들과 불평등 조약을 맺은 이야기를 했지만, 그 후 바로 어리석은 짓을 저지르고 맙니다. 조선과 '조일수호조규(강화도 조약)'를 맺은 것입니다. 조일수호조규는 조선에 일본의 영사재판권●을 인정하게 하고 관세 자주권을 포기하게 하는 불평등한 것이었습니다. 즉, 서양에 당한 일을 자신들보다 약하다고 생각한 조선에 바로 써먹는다는, 품성이 결여된 사건입니다.

조일수호조규를 진행한 사람들은 도대체 《논어》에서 무엇을 배운 걸까요?

당시 교양 있는 사람은 다들 《논어》를 읽었을 것입니다. 《논어》 중에서 가장 중요한 말을 하나 꼽으라면

● 민·형사 사건의 피고가 외국인인 경우 그 외국인 국가의 영사領事가 재판할 수 있는 특권.

'자신이 원하지 않는 것은 남에게 하지 말아야 한다.'입니다.

공자는 제자가 "평생에 걸쳐 해야 하는 일이 무엇일까요?"라고 물었더니, "배려"라고 대답한 뒤에 "즉, 자신이 당해서 싫은 일은 남에게 하지 말아야 한다."고 가르쳤습니다. 제자가 납득하자, "하지만 너희가 평생을 노력해도 좀처럼 할 수 있는 일이 아니란다."라고 말했습니다. 말하기는 쉬워도 현실에서 행동으로 옮기기는 어렵다는 의미입니다.

실제로 일본은 공자의 말씀과는 반대인 일을 벌여 제국주의 국가가 되어갔습니다. 아시는 바와 같이 전쟁으로 정말 많은 사람이 죽었습니다. 그리고 원자폭탄으로 히로시마와 나가사키를 합쳐 약 21만 명이 사망했습니다. 이렇게 될 때까지 멈출 수가 없었던 것입니다. 여러 역사관이 있지만 제국주의에서 패전까지의 시대는 기본적으로 일본의 부정적인 역사입니다.

역사는 복잡하므로 다양한 시각을 가질 수 있습니다. 일본이 벌인 전쟁에 대해서도 마찬가지입니다. 제가 충격을 받은 시각은 《레닌 전집》에 서술된 1920년 러

시아 공산당 모스크바 조직에서의 레닌^{Vladimir Lenin}의
연설이에요.

　레닌은 전 세계에서 사회주의가 승리하려면 '두 개
의 자본주의 국가 사이의 대립과 모순을 이용해 그들의
싸움을 부추겨야 한다.'며 그 첫 번째로 미국과 일본의
갈등을 꼽았습니다. 미일의 '적의를 이용해 그들을 서로
으르렁거리게 하는 것'이 과제라고 말하고 있는 것이죠.
미국과 일본의 태평양전쟁이 개시되기 무려 21년 전의
연설입니다.

공산주의 사회의
부정적인 역사

전쟁 이외에도 20세기에는 큰 부정적인 역사가 있었습니다.

사회주의, 공산주의 국가에서 일어난 학살입니다. 1917년 러시아 혁명을 거치면서 세계는 단숨에 사회주의화가 진행되었습니다. 러시아 사회민주당의 급진적 분파로 레닌이 이끄는 '볼셰비키'가 주도권을 잡으면서 1922년 소비에트 사회주의 공화국 연방(소련)이 성립되었습니다. 그 후 차례차례로 사회주의 국가가 탄생했지요. 중국 공산당이 전권을 장악한 중화 인민 공화국(중국)이 성립한 것은 1949년입니다.

제2차 세계대전 후에는 미국을 중심으로 한 자본주의·자유주의 진영과 소련을 중심으로 한 공산주의·사회주의 진영이라는 대립 구도가 생겼습니다. 이것이 바로 냉전 시대입니다. 다른 국가와의 대립이 생기는 동시에, 사회주의 국가 안에서는 자국민을 대량 학살하는 엄청난 일이 자행되었어요.

그 예가 스탈린Joseph Stalin의 대숙청입니다. 공산당 내 반대파 정치인을 닥치는 대로 사형시키고 심지어 학자와 농민 등 일반인까지 학살했습니다. 절대 권력을 갖기 위해 스탈린을 비판하는 사람을 없앤 것이지요. 터무니없는 공포정치로 사람들을 조종하고자 했습니다. 희생된 사람들의 수는 정확히 알 수 없지만 800만 명에서 1000만 명으로 알려져 있습니다. 전쟁으로 죽은 사람의 수보다 많을 정도입니다.

중국의 마오쩌둥毛澤東도 국내에 끔찍한 사태를 초래했습니다. 15년 안에 영국을 따라잡겠다는 목표 아래

농업과 공업을 변혁하고자 한 '대약진 운동'의 결과, 많은 사람이 희생되었습니다.

농민들은 '인민공사'라는 집단화된 농업조직에 편입되어 집도 땅도 재산도 빼앗겼습니다. 공동식당에서는 각자의 일에 따라 식량을 공급했지만, 여러 이유를 붙여 식량을 나눠주지 않는 경우도 허다했기에 굶어 죽은 사람이 많았지요. 굶주림과 질병, 폭력이 만연하여 《마오의 대기근》이라는 책에 의하면, 4500만 명이나 죽은 것으로 나와 있습니다.

2023년 기준, 일본의 인구가 1억 2450만 명, 한국의 인구가 5100만 명 정도이니 얼마나 많은 사망자를 냈는지 경악을 금치 못하겠습니다. 게다가 이건 인재입니다. '기근'이라는 말로는 전혀 납득할 수 없어요.

다만 이러한 실태는 세계에 잘 알려지지 않았습니다. 정보를 밖으로 내보내지 않고 은폐하는 일이 있기 때문입니다. 이 또한 공산주의 국가의 특징일 것입니다. 지금의 중국도 정보 통제가 심해서 바깥에서는 잘 모르는 부분이 있습니다.

예를 들어, 2019년 발발한 신종 코로나바이러스에 대해 중국은 '제로 코로나'를 계속 강하게 말했습니다.

철저한 행동 관리라는 독자적인 대책을 세워 감염자 수를 낮게 억제해왔다는 거죠. 그런데 2023년 1월 확진자 수 누계는 9억 명이었습니다. 어떻게 된 걸까요?

캄보디아에서도 극단적인 공산주의 사상이 대학살을 초래했습니다. 1975년 실권을 잡은 폴 포트Pol Pot파는 화폐도 필요 없는 원시 공산주의 사회를 지향했고, 집단 농업화 정책이라는 이름으로 사람들을 농촌으로 강제 이주시켰습니다. 그리고 강제 노동, 고문, 학살 끝에 인구의 20~30퍼센트에 해당하는 약 170만 명이 희생되었습니다.

사회주의 국가는 독재로 이어지기 쉽고 민주주의의 형태를 취하기 어렵습니다. 민주주의 국가라면 있을 수 없는 규모의 학살이 일어나고 있는 것이 현실입니다.

소련은 1991년에 붕괴했습니다. 한때의 열광적인 지지는 사그라졌고, 사회주의나 공산주의의 시도는 실패했다는 것이 세계의 인식입니다.

《공산당 선언》을 1842년에 출판한 마르크스나 엥겔스는 이렇게 될 줄은 예상하지 못했을 것입니다. 자본주의로 시달리는 노동자들이 들고일어나 지배자가 사라지고 평등한 사회가 만들어질 것으로 믿었을 테지요.

하지만 더 힘든 상황에 직면하고 만 것입니다.

인류사에서 본
비극

이번에는 인류사의 관점에서 역사를 살펴보겠습니다.

우리 현생 인류인 '호모 사피엔스'는 약 30만~20만 년 전에 아프리카에서 탄생했습니다. 과거에는 다른 인류도 있었습니다. 네안데르탈인, 크로마뇽인 이외에 시베리아의 데니소바인이나 인도네시아의 플로레스섬에도 소규모 인류가 있었다고 알려져 있지요. 하지만 호모 사피엔스 이외에는 모두 멸종했습니다. 도대체 왜일까요?

무슨 일이 있었는지 정확히 알려진 바는 없지만, 아마도 우리 조상들이 다른 인류를 모두 쫓아버렸을 것입니다. 호모 사피엔스는 아프리카를 나와 유럽에 있던 네안데르탈인과 만납니다. 네안데르탈인은 체격도 좋고 뇌의 용적도 컸다고 합니다. 하지만 4만~3만 년 전에 멸종되고 말지요. 호모 사피엔스만이 살아남은 이유는 정보 교류를 하거나 집단으로 힘을 합쳐 무언가를 하는 능력이 높았기 때문이라고 합니다.

이스라엘 역사학자 유발 하라리Yuval Harari의 《멈출수 없는 우리》에는 5만 년 전에 '역사상 가장 중요한 사건 중 하나'가 일어났다고 적혀 있습니다.

그것은 호모 사피엔스가 호주에 다다른 것입니다.

이때부터 인류가 지구라는 행성의 지배자가 되었다. 그때까지 인류는 환경에 그렇게 큰 영향을 미치지 않았는데 이 순간부터 세상을 완전히 바꾸기 시작했다.

그때까지 호주에는 인류가 없었습니다. 동물의 왕국이었던 것이죠. 자이언트 캥거루에 자이언트 코알라, 디

프로토돈과 거대한 뱀 등 대형 동물들이 많이 서식했습니다. 그런데 호모 사피엔스가 호주에 온 지 얼마 되지 않아 이들 대형 동물은 모두 멸종합니다. 인류가 호주를 바꾸어버린 것입니다.

아메리카에서도 같은 일이 일어납니다. 인류가 아메리카에 도착했을 때는 매머드나 마스토돈이라는 코끼리를 닮은 대형 동물이 많이 있었지만, 이윽고 모두 멸종하고 말았습니다. 인간 간의 전쟁이나 학살 이전에 동물들이 대량으로 죽임을 당한 것입니다. 이것이야말로 지구상에서 가장 부정적인 역사일지도 모릅니다.

《멈출 수 없는 우리Unstoppable Us》
유발 하라리Yuval Harari 저, 2022년.

세계적인 베스트셀러 《사피엔스》(2015년)의 저자가 쓴, 초등학생부터 읽을 수 있는 인류사 책입니다. 일러스트가 풍부하여 아주 먼 옛날의 일도 머릿속에 이미지를 떠올리기 쉽습니다. 연표와 지도도 잘 갖추어져 있어 내용의 이해를 도와줍니다. 간편하게 읽을 수 있는 인류사로 추천합니다. 이 저자의 《호모 데우스》(2017년)도 자극적인 책입니다.

(한국판) 《멈출 수 없는 우리》, 김명주 역, 주니어김영사, 2023년.

시야를 넓힌다,
시점을 늘린다

보통, 역사라고 하면 문자가 사용되고 기록이 남아 있는 시대에 일어난 일이나 변천을 말합니다. 하지만 최근에는 보다 시야를 넓혀 장대한 스케일로 역사를 해석하려는 시도가 늘고 있습니다.

전 세계적으로 화제를 모은 재레드 다이아몬드Jared Diamond의《총 균 쇠》는 현대 세계의 불균형을 해명하려는 책입니다. 왜 유럽인들이 아프리카와 중남미 등을 지배했고, 그 반대는 없었을까요? 그런 의문을 출발점으로 삼아 진화생물학, 생물지리학, 문화인류학, 언어학 등 풍부한 식견을 구사하며 내용을 전개하고 있어 독자의 시야가 크게 넓어집니다. 두꺼운 학술서라서 쉽게 읽을 수 없을지도 모르지만, 저자는 프롤로그에서 책을 요약해주고 있습니다.

역사는 서로 다른 사람들에 의해 서로 다른 경로를 밟았지만, 그것은 사람들이 놓인 환경의 차이에 의한 것이지 사람들의 생물학적 차이에 의한 것이 아니다.

유럽인의 지혜나 체력이 우월해서 다른 지역 사람들보다 유리한 위치로 발전해온 것이 아니라, 지리적 우연과 생태적 우연일 뿐이라는 이야기입니다. 주장이 조리 있어서 알기 쉽고, 관심 있는 부분만 읽어도 재미를 느낄 수 있는 책입니다.

저명한 역사가 니얼 퍼거슨^{Niall Ferguson}의 《광장과 타워》는 역사를 '네트워크'라는 시점에서 파악하려는 책입니다. 제목에서 '광장'은 수평적 네트워크를, '타워'는 수직으로 서열화된 계층형 조직을 상징합니다.

지금까지 역사는 국가 같은 계층 구조에 주목해왔습니다. 하지만 저자는 지난 500년 역사에서 사회적 네트워크가 중요한 역할을 해왔다고 말합니다. 예를 들어, 산업혁명이나 시민혁명은 네트워크에 의해 생겨난 것이지요. 네트워크라는 새로운 시점으로 역사를 보면, '과연 이 일도 저 일도 네트워크구나!'라는 발견을 하게 됩니다.

에마뉘엘 토드의 《우리는 어디에서 왔고 지금 어디에 있는가?》도 시점을 늘려주는 재미있는 책입니다. 통계학에 기초를 두고 국가나 지역별 가족 시스템에 주목하여 역사를 바라봅니다. 가족 형태의 추이와 이데올로기와의 관련성을 분석하여 프랑스, 영국, 미국 등의 '핵가족형 사회', 독일과 한국, 일본의 '직계가족형 사회', 러시아와 중국의 '공동체가족형 사회' 유형으로 역사를 다시 정리했습니다. 이때 근거가 되는 것은 통계입니다.

예를 들어 영유아 사망률, 출산율, 문맹률, 고등교육을 받은 사람의 비율 같은 데이터와 표가 많이 나오지요. 익숙하지 않은 사람들은 읽기에 어려움을 느낄 수도 있지만 큰 공부가 됩니다. '가족'을 키워드로 역사를 해석하는 것도 재미있는 시도예요.

《총 균 쇠Guns, Germs, And Steel》

재레드 다이아몬드Jared Diamond 저, 1999년.

1만 3000년 인류사의 수수께끼인 '지역 간 차이는 왜 생겨났는가?'를 폭넓은 학문적 식견으로 풀어내고자 한 책입니다. 학술적인 책으로는 이례적으로 100만 부가 넘는 베스트셀러가 되었습니다. '역사에서 가진 자와 못 가진 자' '사과가 문제였을까, 인디언이 문제였을까?' '어떻게 아프리카는 흑인의 땅이 되었을까?' 같은 목차 구성도 끌립니다.

(한국판) 《총 균 쇠》, 강주헌 역, 김영사, 2023년.

《광장과 타워Square and the Tower》

니얼 퍼거슨Niall Ferguson, 2018년.

프리메이슨부터 트럼프까지 '네트워크'를 키워드로 역사를 다시 살펴보는 책입니다. 종래의 역사는 국가 등의 계층형 조직에 주목해왔지만, 이 책에서는 사회적 네트워크가 역사를 움직여왔다는 시점을 더합니다. '음모론'에 흥미가 있는 사람도 재미있게 읽을 수 있을 듯합니다.

(한국판) 《광장과 타워》, 홍기빈 역, arte(아르테), 2019년.

《우리는 어디에서 왔고 지금 어디에 있는가?$^{Ou\ en}$
$^{sommes\text{-}nous?}$》

에마뉘엘 토드$^{Emmanuel\ Todd}$ 저, 2017년.

호모 사피엔스의 출현부터 트럼프 등장까지의 인류사를 '가족'이라는 관점에서 들여다보는 책입니다. 중심 주제는 '앵글로색슨이 왜 패권을 잡았는가?'에서 '민주주의의 야만적 기원'으로 이어지며, 원래 민주주의가 원시적이고 배타적임을 보여주고 있습니다. 통계학을 근거로 논리가 전개되고 데이터도 흥미롭습니다.

역사적인 관점에서 바라본 러시아의 우크라이나 침공

역사를 바탕으로 2022년 러시아의 우크라이나 침공을 생각해보도록 하겠습니다. 21세기에 이러한 침략행위가 일어난 것은 세계에 큰 실망감과 절망감을 안겨주었습니다.

제1차 세계대전 이후 비극을 되풀이하지 않기 위해 국제평화 유지를 목적으로 국제연맹이 조직되었습니다. 그런데도 제2차 세계대전은 일어나고 말았지요. 그래서 더 강력하게 세계 평화를 지키고자 유엔^{United} ^{Nations}(국제연합)이 생겼다는 역사가 있습니다.

그런데 그 유엔의 중심이 되는 '상임이사국'이자 국제분쟁 해결에 거부권을 가진 나라가 전쟁을 벌이고 말았습니다.

상임이사국은 미국, 영국, 프랑스, 중국, 러시아입니다. 이 중 한 나라가 거부하면 안전보장이사회에 위탁된 국제분쟁 해결은 통과되지 않는 것이 유엔의 한계입니다. 유엔이 경찰이라면 경찰 스스로 죄를 짓고 있는 형국이죠. 이렇다면 아무도 제재할 수 없습니다.

그럼, 왜 러시아는 우크라이나를 군사 침공했을까요?

역사를 거슬러 올라가면 러시아와 우크라이나는 같은 소련을 구성하는 나라였습니다. 소련 붕괴 후에는 각각 다른 나라가 되었지만 문화적으로 우크라이나는 러시아의 마음의 고향과도 같은 곳입니다. 러시아 사람들 입장에서 우크라이나는 같은 뿌리를 가진 특별한 나라이며 형제 의식을 지니고 있어요.

그런데 우크라이나는 나토^{NATO}(북대서양조약기구)에 가까워지고 있었습니다. 나토는 러시아에 대항하기 위해 만들어진 조직입니다. 회원국이 러시아의 공격을 받으면 회원국 모두가 방어한다는 목적으로 모였습니다. 우크라이나가 나토에 들어가면 완전히 적이 되고 마는 거지요. 러시아 입장에서는 '형제라고 생각하던 우크라이나가 적의 편에 들어간다고?!' 하는 충격에 빠진 것입니다.

에마뉘엘 토드는《우리는 어디에서 왔고 지금 어디에 있는가?》에서 '군사 지원을 통해 우크라이나를 사실상의 나토 회원국으로 만들어 러시아와의 전쟁으로 이끈 미국과 영국이야말로 직접적인 원인과 책임이 있다.'는 생각을 밝혔습니다.

2014년 러시아가 크림반도를 실질 병합했을 때는 전쟁으로 발전하지 않았지요. 그래서 러시아는 우크라이나에 대해서도 그 방식이 가능할 것으로 생각했을지 모릅니다. 하지만 크림 때는 잠자코 있던 나토가 우크라이나에는 대거 군사 지원을 해 우크라이나 한 나라만의 문제가 아닌 상황을 만들었습니다. 여기에는 미국과 영국이 러시아를 더 끌어들여 약체화시키려는 의도가 있었던 것이 아니냐는 관점도 있습니다.

그러고 보니 이 전쟁의 이상한 점은 미국과 영국의 지원으로 전쟁을 이어가면서도 죽는 것은 우크라이나 사람들이라는 것입니다. 무서운 생각입니다만 우크라이나 사람들을 이용한 대리전쟁이라는 시각도 존재합니다. 러시아가 약화되면 미국과 영국에는 이익이 있을 테니까요.

만약 동아시아도 대리전쟁의 틀에 갇히면 어떻게 될까요? 예를 들어 중국은 지금 강대국인데 일본이 미국으로부터 군사 지원을 받아 중국과 싸운다고 칩시다. 그러면 미국 입장에서는, 일본이 피해를 입겠지만 중국을 약체화시킬 수 있다고 판단해도 이상할 것이 없습니다.

또 하나의 시사점은, 우크라이나의 핵 보유 문제입니다.

사실 우크라이나는 소련의 핵무기를 물려받았습니다. 세계 3위의 핵보유국이었던 것입니다.

하지만 1994년에 우크라이나는 핵을 포기했습니다. 포기하도록 미국, 영국, 러시아가 움직였지요. 우크라이나는 러시아에 거액의 빚이 있었기 때문에 핵무기를 러시아에 넘겨주고 상환했습니다. 우크라이나가 핵무기를 보유하고 있었다면 틀림없이 이렇게까지 공격을 받지는 않았을 것입니다.

즉 이번에 다시 한 번 핵을 가진 자와 가지지 않은 자의 격차가 여실히 드러났습니다. 현실이 이러하다면 다른 나라에 침략당하지 않기 위해 자국에 핵무기를 보유(혹은 공유)한다는 생각도 이상하지 않을 것입니다. 하지만 한편으로 그러한 움직임을 보이면 그것을 '위협'으로 규정하고 그 나라에 대한 공격을 정당화하는 계기를 제공하게 될 것이라고도 예상됩니다.

세계 방위산업이
들썩이는 이유

일본은 1945년 8월 14일 포츠담 선언을 받아들여 다음 날인 15일 종전을 맞이했습니다. 그리고 제국 헌법을 개정한 '일본국헌법'이 성립되었습니다. 특징적인 것은 제9조입니다. '전쟁을 포기하고, 전력을 갖지 않으며, 교전권도 인정하지 않는다.'는 철저한 평화헌법이지요. 이와 같이 평화주의 이념을 분명히 규정하고 있는 헌법은 달리 예를 찾아볼 수 없습니다. 전쟁에 대한 반성을 바탕으로 평화를 기원하며 만들어졌기 때문입니다.

이 헌법 9조에 따라 스스로 먼저 공격하지는 않고 방어만 한다고 결정했는데, 이는 일본 전체에 공유되어 있다고 할 수 있습니다. 지금의 일본 국민 중에 다른 나라와 전쟁을 일으켜 영토를 넓히면 좋겠다고 생각하는 사람은 거의 없을 것입니다. 헌법 제9조가 확고히 뿌리내린 셈입니다.

문제는 방어입니다. 현재의 자위대로 방어할 수 있는가가 쟁점이 되고 있습니다.

자유민주당은 일관되게 헌법 개정을 당의 목표로 삼아왔습니다. 그중 하나는 자위대를 헌법 안에 제대로 자리 잡게 하는 것입니다.

자위대는 선제공격하지 않는, 자국 방어를 위한 군대입니다. '그렇다면 헌법 9조를 위반하지 않은 거잖아?'라고 생각하는 사람도 있습니다. 하지만 조문에는 '육해공군이나 기타 전력을 보유하지 않는다.'라고 나와 있습니다. 자위대는 육상자위대, 해상자위대, 항공자위대로 구성되어 있으며 전차와 장갑차, 전투기, 각종 미사일 등 모든 기기를 갖추고 있습니다. 또한 미국에서 무기로 사용되는 물자를 여러 가지 사들이고 있지요. 이는 전력이 아닐 수 없습니다. 그래서 자위대가 위헌 인지 아닌지에 대한 논의가 반복적으로 이루어지고 있 는 것입니다.

자유민주당이 2012년 내놓은 헌법 개정 초안에는 자위대를 '국방군'으로 고치겠다고 되어 있습니다. 제약 이 많은 자위대보다 국제적으로 표준인 국방군을 만들 자는 생각입니다. 다만 이런 목표를 내세우는 자유민주 당이 오랫동안 집권하고 있어도 지금껏 변함없이 헌법 개정은 실행되지 않았습니다.

일본에서 헌법 개정은 매우 장벽이 높습니다. 개정 하려면 중의원과 참의원, 각각의 인원 중 3분의 2 이상 의 찬성을 거친 후 국민투표에서 과반수의 찬성을 얻는 조건을 충족해야 해요.

물론 전쟁은 피하고 싶지만 이대로는 불안하다고 느끼면서도, 어떻게 해야 할지 생각하는 것을 피해온 사람들도 러시아의 우크라이나 침공 이후 이 문제를 바 라보게 됩니다. 2022년 기시다 후미오 내각총리대신은 국가 안보 전략 3대 문서를 개정하고 나라를 지켜내기에 지금 자위대의 능력으로는 충분하지 않다는 요지의 발표를 했습니다.

여러 의견이 생기는 게 당연하지만 눈앞에서 벌어지는 전쟁을 목도하며 각 나라가 방위 문제에 대해 다시금 생각하기 시작한 흐름은 당분간 계속될 듯합니다. 실제로 러시아 우크라이나 전쟁을 기점으로 하여, 우크라이나 인근 동·북유럽부터 북미, 아시아·태평양, 중동에 이르기까지 전 세계적으로 국방예산이 대폭 증액되었습니다. 미국 항공전문지 〈에이비에이션 위크〉의 2022년 조사에 따르면, 2032년까지 국방예산은 기존 전망치 대비 2조 달러(2,600조 원), 무기 획득 예산은 6,000억 달러(780조 원) 이상 증가할 것이라고 합니다. '제2차 세계대전 이후 가장 큰 활황세가 지속될 것'이라는 전망이 있을 만큼 안보에 대한 경각심을 바탕으로 세계의 방위산업도 대전환기를 맞고 있습니다.

큰 전환점이 된
인류의 3가지 성공

지금까지 실패한 역사에 초점을 맞춰 이야기를 나눠봤습니다. 역사를 배우는 큰 의의 중 하나는 실패에서 교훈을 얻는 것이겠지요. 다만 실패 이야기만 하기에는 안타까운 기분에 우울해집니다. 그래서 성공한 역사에 대해서도 조금 언급해두고 싶습니다.

큰 전환점이 된 성공은 많지만, 하나는 문자의 발명입니다. 문자가 생기면서 단번에 문명이 발전해갔습니다. 가장 오래된 문자는 기원전 3500년경 메소포타미아의 수메르인이 발명한 쐐기형 문자라고 알려졌습니다. 쐐기형 문자는 메소포타미아 문명을 지탱했습니다. 이집트 문명은 히에로글리프, 인더스 문명은 인더스문자, 황하 문명은 한자로 정보를 공유하고 축적했습니다. 말 자체는 그 이전부터 있었지만 문자가 발명되기 전에는 그다지 문명이 발전하지 않았지요.

다음으로 세계를 바꾼 것은 과학의 발전입니다.

특히 갈릴레오 갈릴레이로 비롯된 근대 과학은 인류를 고민에서 해방시켰습니다. 옛날에는 종교나 철학의 일부였던 내용도, 이제는 관찰, 실험, 수학을 통해 현상을 밝히려 하게 된 것입니다. 갈릴레오, 뉴턴, 아인슈타인과 같은 과학자의 성공은 세상에 큰 임팩트를 주었습니다.

우리의 쾌적해진 생활도 과학 덕분이지요. 전기, 전화, 컴퓨터, 플라스틱 등 공산품을 비롯해서 수많은 과학적 발명의 성공이 인류에게 혜택을 주고 있습니다.

과학의 발전과 연동해 근대 의학도 발전해갔습니다. 그 덕분에 사망자가 줄었습니다. 특히 유아나 어린아이의 사망이 줄었지요. 의학이 발달하기 전까지는 그야말로 일곱 살까지는 언제 죽어도 이상하지 않은 상황이었습니다.

천연두 같은 병으로 죽어가는 아이들을 보면서 시인 고바야시 잇사小林一茶는 '이슬의 세상은 이슬의 세상이지만 그렇지만'이라고 읊었습니다. 아이의 목숨을 이슬에 비유해, 이슬의 세계가 덧없다는 것을 알고 있지만 너무나 부조리하다고 그 슬픔을 표현하였습니다.

오랫동안 인류를 괴롭혔던 천연두지만 백신을 통해 박멸에 성공했으니 대단한 일입니다. 시작은 1796년 영국의 의사 에드워드 제너Edward Jenner가 가벼운 우두 바이러스를 경험한 뒤에는 치명적인 천연두에 면역력이 생긴다는 사실을 발견한 것입니다. 그리고 1980년, WHO는 천연두 완전 퇴치를 선언했습니다. 이것은 인류 과학의 승리라고 할 수 있습니다.

예를 들자면 끝이 없지만, 이런 성공 덕분에 우리가 더 나은 삶을 살게 된 셈입니다.

마지막으로 역사 교양을 갖추는 데 추천할 만한 책들을 몇 권 소개하고 본 장의 막을 내리도록 하겠습니다.

《가도카와 만화 학습 시리즈 '세계의 역사' 전20권角川まんが学習シリーズ 世界の歴史 全20巻》

하네다 마사시羽田正 감수, 2021년.

여러 학습 만화 중에서도 가도카와 출판사의 시리즈는 새로운 성과도 수록하고 있으며 내용도 매우 충실해서 어른들도 충분히 공부가 됩니다. 이 시리즈를 한 번 읽으면 전반적인 세계 역사가 눈에 들어올 겁니다.

한국판 《세계의 역사 1~20》, 일본콘텐츠전문번역팀 역, 드루주니어, 2022년.

《야마카와 상세 설명 세계사 도록山川 詳説世界史図録》

기무라 야스지木村靖二 외 감수, 2021년.

올 컬러의 많은 사진과 더불어 연표도 상세히 들어 있습니다. 믿을 수 없을 정도로 풍부한 정보가 담겨 있으면서도 가격은 단지 860엔으로 저렴합니다. 고등학교 부교재로 쓰일 만큼 정보의 확실성도 담보할 수 있습니다. 본격적으로 역사를 배워보려는 사람이라면 한 권 소장해두기를 추천합니다.

제5장

예술

아름다움을 접하면
발견할 수 있는 것들

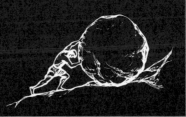

{

사람의 이상적인 모습을 '진·선·미'라는 말로 표현할 수 있습니다. 이 중 '미'를 다루는 것이 예술입니다. '진'은 과학이나 철학적 사고로 진리를 찾는 것, '선'은 도덕적으로 어떻게 살아야 하는가를 탐구하는 것입니다.

예술에는 사람의 마음을 움직이는 힘이 있지요. 번뜩이는 아이디어나 감정적인 자극을 주고 고무시키는 것이 예술의 좋은 점입니다.

자본주의 사회, 정보화 사회에서 이것저것 생각하다 보면 아무래도 마음이 피곤해지기 마련입니다. 분주한 나날 속에서 왠지 지치고 소모되어 가는 느낌마저 들지요. 그럴 때 예술을 접하면 아주 깊은 무언가에 닿은 듯 영혼 깊숙한 곳에서부터 치유가 이루어지고 충만해지는 기분입니다. 그런 의미에서 우리 시대는 예술이 가진 힘을 그 어느 때보다 높이 평가해야 할 때가 아닌가 싶습니다.

}

간직하고 싶은
미술 작품과 예술가

레오나르도 다빈치 <모나리자>

이렇게 멋진 작품을 인간이 만들어낼 수 있다니! 미술 작품을 접하고 인류 지성의 승리라고 느끼는 순간이 있습니다. 저는 〈모나리자〉(1503~1505년/유채/루브르 박물관)를 봤을 때 그렇게 느꼈어요.

명화가 즐비한 루브르 박물관에서 〈모나리자〉는 그리 크기가 큰 작품이 아닙니다. 하지만 압도적인 존재감을 내뿜습니다. 〈모나리자〉를 보고 나서 다른 작품을 보면 평범하게 보일 정도로 대단하더군요.

뭐가 그렇게 대단한 걸까요?

레오나르도 다빈치Leonardo da Vinci의 그림은 윤곽선이 없습니다. '스푸마토Sfumato'라는, 밝은 부분부터 어두운 부분까지 서서히 색을 변화시키는 회화 기법을 사용했는데, 이게 참으로 신기합니다. 뿌연 것 같기도 하고 또렷해 보이는 것 같기도 한 느낌이에요. 현실의 사람도 윤곽선은 없죠. 다빈치가 그린 인물은 정말 거기에 존재하고 있는 듯한 착각이 들 정도로 리얼합니다.

게다가 〈모나리자〉의 배경은 이상해요. 마치 태초에 지구가 탄생할 때와 같은 대지에 강이 흐르고, 그 앞에서 여성이 미소를 짓고 있습니다. 현실에서는 있을 수 없는 광경 같아요. 그런데도 우리는 위화감을 못 느끼지요. 이 또한 다빈치의 탁월함일 것입니다.

인상파

모네, 마네, 르누아르, 드가, 세잔……. 우리는 인상파 화가들의 작품을 좋아합니다. 좋아하는 미술 작품을 축으로 그 역사나 배경을 배워보는 것도 흥미롭습니다.

인상파는 18세기 후반 프랑스에서 발생한 예술 운동입니다. 그전까지의 예술은 사실주의적인 그림이 중심이었습니다. 초상화 등 인물화가 많았고, 주제도 성경에 따른 것 등 이상적인 미를 사실적으로 그렸습니다. 인상파 화가들은 그것을 뛰어넘어, 화가의 눈에 비친 세계를 그리려고 했습니다.

인상파의 작품은 빛이 넘치고 건물처럼 딱딱한 대상을 그려도 포근해 보입니다. 근시인 사람이 안경을 벗으면, 세상이 흐릿하고 반짝이는 것처럼 보이죠. 우리의 눈은 사물에 부딪혀 난반사된 빛들이 망막에 비침으로써 사물의 형태를 인식합니다. 그런데 근시인 사람은 초점이 어긋나 형태를 파악하지 못하고, 빛 자체를 보고 있는 듯 느낍니다. 이는 말하자면 '인상파의 눈'을 가지고 있는 셈입니다.

인상파라는 명칭의 유래는, 모네[Claude Monet]의 〈인상, 일출〉(1873년/유채/마르모탕 모네 미술관)이라는 작품입니다. 저도 실물을 보러 갔었는데, 일출의 빨간 부분은 뒤에서 빨간 불빛이라도 비추고 있나 싶을 정도로

도드라져 보였습니다. 이런 모네의 작품을 보면 회화의 세계에서 사물을 보는 방식이 바뀌었다는 것을 알 수 있습니다.

인상파 그룹 중 한 명이던 세잔^{Paul Cézanne}은 나중에 인상파를 이탈하여 독자적인 회화 양식을 탐구했습니다. 그리고 현대 추상화로의 가교 역할을 하는 표현 방법을 마련해나갔습니다.

세잔은 "○○ 하나로 파리를 놀라게 해주겠어."라는 유명한 말을 했습니다. 과연, ○○에 들어갈 말은 무엇일까요?

답은 '사과'입니다.

우리의 감각으로는, 사과는 누가 그려도 비슷한 그림이 되겠죠. 그런데 세잔의 사과는 그렇지 않습니다. 언뜻 보기에 일반 정물화 같은데, 세잔이 그리는 사과는 금방이라도 테이블에서 굴러떨어질 것 같습니다. 그것은 두 가지 시점을 동시에 그려 넣는 피카소의 기법을 이미 사용하고 있는 지점 때문입니다.

인상파 그룹에 가입하여 새로운 표현법을 익힌 세잔이지만 그것만으로는 만족하지 않았습니다. 인상파

가 그리는 빛의 장난이 아니라, 더 존재감 있는 그림을
그리고자 탐구했습니다.

〈생빅투아르산〉 연작에서는 그런 각오를 엿볼 수 있
습니다.

파블로 피카소

피카소$^{Pablo\ Picasso}$ 하면 〈게르니카〉(1937년/유채/
국립 소피아 왕비 예술센터)나 〈우는 여인〉(1937년/유
채/테이트 모던) 등 유명한 그림이 떠오를 겁니다. 그리
고 높은 평가를 받고 있다는 사실은 알지만 왜 그런지
잘 모르겠다는 사람도 적지 않습니다.

피카소는 조르주 브라크$^{Georges\ Braque}$와 함께 20세기
초 파리에서 '큐비즘^{Cubism}'이라는 새로운 예술의 흐름
을 탄생시켰습니다. 큐비즘은 대상을 하나의 고정된 시
점에서 그리지 않고 다양한 면이나 각도에서 그려냅니
다. 대상을 입방체와 같이 기하학적 패턴으로 환원하여
구성하지요. 기존의 원근법 등 회화 규칙을 뒤집는 혁
신적인 회화 양식인 것입니다.

피카소는 노년에 "이 나이가 되어서야 겨우 어린아

이 같은 그림을 그릴 수 있게 됐다."라고 말했다고 합니다. 어릴 때부터 그림을 잘 그렸고 10대 때의 작품도 훌륭한 피카소지만 항상 새로운 것을 흡수하려고 했습니다. 그러면서 스타일을 계속 바꾼 것이 피카소의 대단한 점입니다.

20세에서 23세 무렵의 피카소는 파란색을 즐겨 사용한 작품을 많이 남겼습니다. 이 시기를 '청색 시대'라고 부릅니다. 배경도 파랑, 입고 있는 것도 파랑, 얼굴도 푸르스름한, 다소 공격적인 그림을 그렸습니다. 청색 시대의 그림은 피카소의 솜씨를 잘 알 수 있는 동시에 그 안에 묘사된 마음속 풍경도 잘 이해할 수 있습니다.

이후 피카소의 작품은 빨간색, 주황색, 분홍색, 갈색을 주로 사용한 '장미 시대'를 거쳐 '큐비즘'으로 변해갑니다. 그의 작품을 살피다 보면 현대 회화사의 흐름을 알 수 있다고 할 만큼 다작입니다. 시대에 따라 같은 사람이 그렸다고 생각되지 않을 정도로 작풍이 다른 것은 드문 일이에요. 그가 20세기 최대의 예술가라고 불리는 이유입니다.

20세기 초 파리에서 활약한 화가 후지타 쓰구하루藤田嗣治는 피카소가 자신의 그림 앞에 서서 한동안 움직이지 않아 무서웠다고 합니다. 피카소는 화가의 본질적인 부분을 간파하고 그것을 도입해서 더 좋은 작품을 만들어버리기 때문입니다. 그런 괴물 같은 존재인 거죠.

프리다 칼로

현대의 화가 중에 멕시코의 프리다 칼로^{Frida Kahlo}도 꼭 소개하고 싶습니다.

프리다 칼로는 자화상을 많이 그렸습니다. 굵게 이어진 눈썹과 민족의상이 인상적인 칼로의 자화상은 낯익은 사람도 많을 것입니다.

칼로는 교통사고와 30여 차례에 이르는 수술, 유산, 남편의 외도 등 숱한 고난을 겪으면서 그런 감정을 그림으로 표현해나갔습니다.

〈상처 입은 사슴〉(1946년/유채/개인소장)은 화살이 꽂혀 피를 흘리는 사슴의 얼굴만이 칼로 자신입니다. 고통을 생생히 표현하면서도 자존감을 품고 살아가려는 강인함이 느껴지는 것이 칼로 회화의 특징입니다.

저는 칼로의 작품을 좋아해서 칼로의 삶을 그린 책을 몇 권 읽었습니다. 꼭 그런 책들과 함께 작품을 즐겨주기를 바랍니다.

《지쿠마 평전 시리즈 〈초상화〉 프리다 칼로 : 비극과 열 정으로 산 예술가의 생애 ちくま評伝シリーズ〈ポルトレ〉 フリーダ・カーロ 悲劇と情熱に生きた芸術家の生涯》

지쿠마쇼보 편집부 저, 2015년.

멕시코 화가 프리다 칼로의 장렬한 생애를 그녀의 대표작과 함께 소개한 책입니다. 고등학생을 위한 평전 시리즈라 읽기 편합니다. 이러한 책으로 칼로 작품의 배경을 알면 실제 작품 을 눈으로 보았을 때 더 큰 감동을 느낄 수 있습니다.

참고 《사랑과 고통을 그린 화가 프리다 칼로》, 황영옥 저, 이룸, 2005년.

르네상스와 근대
조각의 신

미켈란젤로의 조각

조각 작품이라면 가장 먼저 떠오르는 것이 미켈란젤로^{Michelangelo}입니다.

미켈란젤로는 '조각이란 돌 속에 갇혀 있는 사람을 꺼내는 일이다.'라는 명언을 남겼다고 합니다. 정말 미켈란젤로가 그렇게 말했는지는 불분명하지만, 그 말이 적절할 정도로 천재적인 것만큼은 틀림없습니다. 실제로 작품을 보면 실물을 파낸 듯한 착각이 들 정도로 박력 있습니다.

이탈리아 인근의 작은 나라 바티칸 시국에 있는 성 베드로 대성당에는 미켈란젤로의 작품 〈피에타〉(1498~1499년)가 있습니다. 죽은 예수를 마리아가 껴안고 있는 모습의 조각입니다.

이걸 보면 기독교인이 아니더라도 울컥하게 돼요. 하나의 대리석 조각이라고 믿을 수 없을 정도로 아름답습니다. 어떻게 이런 일이 가능할까 의구심이 생깁니다. 보통은 조각하다 보면 균형이 깨지기 쉬운데 미켈란젤로의 조각은 완벽한 균형을 보여줍니다.

예술 개론서의 고전 《서양미술사》를 쓴 영국 미술 사학자 에른스트 곰브리치Ernst Gombrich도 미켈란젤로의 원작 앞에 서면 조각상이 움직이거나 편히 쉬고 있는 것 같이 보인다면서 '차갑고 생명력 없는 돌이라고는 도저히 믿기지 않는다.'고 말합니다.

곰브리치에 따르면, 미켈란젤로는 대리석 속에 숨겨진 사람을 보았고 그를 덮고 있는 돌만 제거했다고 합니다. 이로 인해 작품은 대리석 덩어리 본래의 단순함을 간직하게 됩니다. 그래서 조각이 몸을 뒤틀거나 어떤 동작을 취하고 있어도 전체적인 윤곽은 언제나 안정되어 있다는 것입니다.

로댕의 조각

근대 조각의 걸작을 낳은 예술가로 오귀스트 로댕Auguste Rodin을 빼놓을 수 없습니다. 〈지옥의 문〉(원형은 1880~1917년/청동)이나 〈생각하는 사람〉(원형은 1881~1882년/청동)이 유명하지요. 둘 다 일본의 우에노 국립 서양 미술관에서 볼 수 있습니다.

〈지옥의 문〉은 14세기 초 이탈리아 작가 단테Dante Alighieri가 저승세계 여행을 그린 서사시《신곡》'지옥편'을 주제로 삼아 로댕이 평생 제작한 작품입니다.《신곡》에 등장하는 '이 문을 지나는 자는 모든 희망을 버려라.'라는 글귀가 적힌 문을 통과하면 그곳은 지옥입니다. 〈생각하는 사람〉은 원래 〈지옥의 문〉 일부로 제작되어 문 중앙 상부에 설치되었지만 독립적인 작품처럼 되었습니다.

〈발자크〉(1891~1898년/청동)도 훌륭한 작품입니다. 파리 로댕 미술관에 가 봤는데, 가운을 두르고 당당하게 선 소설가 발자크Honoré de Balzac의 모습이 정말로 멋졌고 그의 훌륭함이 표현돼 있다고 느꼈습니다 (2023년 4월 기준, 앞서 언급한 우에노 국립 서양 미술관에 기증되었습니다). 하지만 정작 이 조각상을 주문한 프랑스 문예협회는 위대한 작가를 모욕한다며 받아들이기를 거부했고, 그 바람에 작품은 오랫동안 빛을 보지 못했습니다.

발자크의 가운에 숨은 손은 어떻게 된 걸까요? 실은 사타구니를 잡고 있다는 게 로댕의 생각이라고 해요. 제작 과정 중에 여러 개의 발자크상을 만들었는데, 가운을 입지 않은 벌거벗은 버전이 그러한 모습을 하고 있지요. 이런 뒷이야기도 알고 있으면 더 즐겁게 예술을 즐길 수 있습니다.

클래식은 지휘자나 연주자를 비교해서 들어보자

저는 한때 혼자만의 고독한 시간이 되면 클래식 음악에 푹 빠져 지내곤 했습니다. 대학 시절에 우연히 어떤 여성이 클래식 음악 이야기를 하는데 상대 남성이 "나는 클래식은 전혀 몰라."라고 대답하는 것을 듣고 아차, 하는 생각이 들었습니다. 그래서 클래식 음악이 특집으로 실린 음악 잡지를 사서 추천하는 음악을 꾸준히 듣기 시작했습니다.

클래식 음악은 하나의 장르지만 매우 방대해서, 교양을 쌓으려면 전문가의 추천을 활용하는 것이 좋습니다. 저는 널리 알려진 음악 평론가 요시다 히데카즈吉田秀和의 추천 음악을 즐겨 들었습니다.

수많은 클래식 음악을 들으면서 배운 것이 있는데, 같은 곡을 서로 다른 지휘나 연주로 들으면 이해하기 쉽다는 것이에요.

〈모차르트 피아노 협주곡 20번〉이 마음에 들어서 CD 대여섯 장을 사서 비교해 들어보니, 전혀 다르더라고요. 제가 특히 좋아하는 것은 오스트리아 피아니스트 프리드리히 굴다Friedrich Gulda의 연주입니다. 〈모차르트 교향곡 제4번〉은 호주 출신의 찰스 맥커라스Charles Mackerras가 지휘한 연주가 질주감 넘쳐서 좋았고, 〈베토벤 교향곡 제5번, 운명〉은 독일의 빌헬름 푸르트벵글러Wilhelm Furtwangler가 지휘한 연주가 박력 있어 베토벤다운 느낌입니다. 귀가 밝은 분은 금방 알 수 있을지 모르지만, 저는 한 번 들어서는 감이 오지 않는 귀를 가지고 있어서 적어도 같은 곡으로 다른 연주를 비교해 들어보곤 했습니다.

물론 같은 작곡가의 음악을 많이 들어도 알 수 있는

것이 있습니다.

저는 비발디에 빠져서 CD를 20장가량 구입해 들었는데 '비발디는 음악을 얼마든지 만들 수 있구나.'라는 생각을 했습니다. 〈사계〉가 유명하지만 그 밖에도 600곡 이상의 협주곡을 만들었고, 모두 아주 정교합니다.

그렇지만 서로 비슷한 느낌이 듭니다. 비슷하면서도 다른 그 곡들을 듣고 있으면, 언제까지나 계속 들을 수 있을 것 같아요. 저는 이에 자극을 받아, 제가 쓰는 책이 다소 비슷해도 개의치 않고 살아가기로 했습니다.

클래식 음악에 그다지 익숙하지 않은 사람은 클래식 음악이 소재인 만화로 입문해도 좋습니다. 《노다메 칸타빌레》는 매우 인기 있는 만화죠. 애니메이션이나 드라마로도 나왔습니다. 《피아노의 숲》도 추천합니다. 쇼팽 콩쿠르에 참가하는 소년의 성장 이야기로, 명작입니다. 쇼팽의 곡을 들으면서 읽어보는 건 어떨까요?

《피아노의 숲ピアノの森》

이시키 마코토一色まこと 저, 2005~2017년.

숲에서 피아노를 치며 자란 소년이 피아니스트로 성장해가는 모습과 주위 사람들의 드라마를 그린 만화입니다. 쇼팽의 명곡들이 가득 등장하고 베토벤과 바흐의 명곡 등도 알 수 있습니다. 꼭 음악과 함께 이야기를 즐겨보길 바랍니다.

(한국판) 《피아노의 숲 1~26》, 손희정 역, 삼양출판사, 2012~2017년.

유명 재즈 천재들의 음악을 듣는다

재즈도 교양의 하나라고 해도 되겠지요. 재즈는 19세기 말부터 20세기 초에 걸쳐 미국 뉴올리언스에서 태어난 음악 장르입니다. 서양 음악과 아프리카 음악을 조합하여 발전했습니다.

재즈는 '즉흥 연주'가 큰 특징인데, 라이브로 감흥을 주고받는 연주가 매우 특별하고 즐겁습니다. 재즈의 기본 문법을 아는 사람들이 즉석에서 편곡하면서 연주를 하는 것이 큰 매력이지요.

유명한 재즈 연주자로서 먼저 알아둘 인물은 트럼 펫 연주자 마일스 데이비스Miles Davis입니다.

그전에는 지정된 코드 진행에 맞춰 순차적으로 즉 흥 연주를 해나가는 '비밥Bebop' 스타일이 표준 재즈 연 주법이었습니다. 마일스는 이를 벗어나 새로운 '모달 재 즈Modal Jazz'라는 스타일을 확립했습니다.

모달 재즈는 코드 진행이 아니라 스케일이라고 불 리는 음계를 사용하여 그 음계 안에서 자유롭게 멜로디 를 연주하는 스타일입니다. 모달 재즈 스타일로 만들어 진 앨범 《Kind Of Blue》(1959년)는 마일스의 대표작 이자 재즈계의 대히트작입니다.

이 앨범 속 명곡 〈So What〉은 마일스가 입버릇처 럼 하던 말이 제목이 된 경우입니다. 마일스다움이 느 껴지는 아주 멋있는 곡이에요.

현대의 재즈 연주자 중에서 제가 CD를 자주 듣는 건 천재 피아니스트 우에하라 히로미上原ひろみ입니다. 17 세에 재즈계의 전설 칙 코리아Chick Corea와 협연을 하고 후에는 같이 앨범 《Duet》(2008년)을 냈을 정도입니다.

《MOVE》(2012년)라는 앨범을 특히 추천합니다. 어떻게 이토록 정확하면서도 막 태어난 음악처럼 생동감 넘치는 연주를 할 수 있을까란 생각이 들 정도로 감동적입니다.

《마일스 자서전Miles: The Autobiography》

마일스 데이비스Miles Davis 저, 1989년.

유명한 재즈 트럼펫 연주자 마일스 데이비스의 자서전입니다. 저명한 재즈 연주가들의 인물상을 마일스의 시점에서 이야기하고 있어서 재즈의 역사를 잘 알 수 있습니다. 마일스 자신의 이야기도 재미있고, 재즈 팬이 아니더라도 읽어서 손해는 없을 것입니다.

(한국판) 《마일스 데이비스 : 재즈의 모든 양식의 아버지 마일스 데이비스의 자서전》, 성기완 역, 집사재, 2013년.

모차르트 오페라의
대단함을 알 수 있는 동영상

오페라는 16세기 말에서 17세기 초에 걸쳐 이탈리아 피렌체에서 탄생했습니다. 고대 그리스 연극을 부흥시키고자 모인 음악가와 시인들이 노래가 중심인 극을 만들어낸 것이 시초입니다. 처음에는 그리스 비극이나 신화가 소재의 대부분이었지만 점차 당시 사람들을 그린 작품이 인기를 끌었습니다.

오페라는 감상할 기회가 많지 않아 진입장벽이 높

다고 여겨지는 듯합니다. 제가 다니던 중학교는 뜻밖에
도 체육관에 오페라를 초청해 〈나비부인〉 등의 공연을
볼 기회를 제공해주었습니다. 지금 생각하면 굉장히 호
화로운 일이었네요. 교육의 일환으로 저렴하게 해주었
겠지요. 사실 그 덕분에 저는 오페라에도 익숙했던 것
같습니다.

일반적으로 생소한 오페라지만 이미 잘 알고 있는
내용의 공연이라면 접근하기 좋습니다. 〈카르멘〉이나
〈춘희〉는 알기 쉽고 노래도 한 번쯤 들어봤을 테니 추
천합니다. 소설을 읽거나 유튜브 해설 동영상을 보는
등 어느 정도 예습해 가면 안심하고 즐길 수 있을 것입
니다.

교양으로 꼭 알아두고 싶은 작품은 모차르트Wolfgang
Amadeus Mozart의 오페라입니다. 특히 〈마술피리〉는 코믹
한 요소도 있고 재미있는 작품이라 추천합니다. 어린이
부터 어른까지 즐길 수 있어 세계에서 가장 상연 횟수
가 많다고 알려져 있습니다.

〈마술피리〉 중에는 굉장히 유명한 곡인 〈밤의 여왕
의 아리아〉가 있습니다. 아리아는 멜로디가 있는 노래

를 독창(또는 이중창)하는 부분으로서 특히 돋보이는 구간이지만, 그중에서도 〈밤의 여왕의 아리아〉는 터무니없는 고음이 계속 이어지는 곡입니다. 인간계에는 없을 듯한 고음의 아리아를 모차르트가 작곡했다는 생각마저 듭니다.

유튜브에서 〈밤의 여왕의 아리아〉라고 검색하면 훌륭한 가수분들의 영상이 나옵니다. 이걸 보는 것만으로도 오페라의 대단함을 알 수 있어요.

추천하고 싶은 오페라 해설 동영상은 오페라 가수 구루마다 가즈히사車田和寿의 유튜브 채널인 '음악에 기대어'입니다. 오페라의 스토리뿐만 아니라 음악성까지 알기 쉽게 해설해주고 있습니다.

〈마술피리〉의 〈밤의 여왕의 아리아〉 해설 영상에서는 아리아가 D단조로 시작함으로써 밤의 여왕의 복수심을 표현하고 있는 것으로 풀이했습니다. D단조는 모차르트가 구사하는 작전 중 하나로, 어둡고 고통스럽고 운명적인 무언가를 표현할 때 곧잘 사용됩니다. 유명한 〈돈 조반니〉에서 살해당한 기사장이 망령이 되어 등장하는 장면, 진혼곡 〈레퀴엠〉의 도입 부분, 〈피아노 협주곡 제20번〉 등이 D단조로 쓰여 있습니다.

더욱 흥미로운 것은 〈밤의 여왕의 아리아〉는 D단조에서 F장조로 전조하여 밝은 이미지로 바뀐다는 것입니다. 해설에 따르면, 사실 이것은 히스테리에 의한 광기, 분노와 복수심으로 미쳐서 웃음을 터뜨리는 느낌이라고 합니다. 밤의 여왕이 딸을 향해 '그 남자를 죽여라, 죽이지 않으면 너는 이미 내 딸이 아니다.'라고 반복하면서 점점 더 고음으로 치닫다가, 소프라노의 한계를 넘는 수준까지 올라 '아하하하하' 하고 노래하는 것입니다.

이 해설을 듣고 오페라를 보면 정말 그렇게 들립니다. 훌륭한 콘텐츠를 이런 식으로 간편하게 접할 수 있으니 우리는 굉장한 시대에 살고 있네요.

유튜브 〈음악에 기대어音樂に寄せて〉

오페라 가수가 클래식 음악과 오페라에 대해 해설하는 채널입니다. 오페라 줄거리나 볼거리 해설뿐만 아니라 시연도 해주기 때문에 매우 알기 쉽게 즐길 수 있습니다. 음역이나 변조등 음악적 요소에 더해 문학작품과 비교해도 손색없는 심리묘사의 이면까지 알 수 있습니다.

참고) 유튜브 <음플릭스>, <하이클래시컬뮤직>

뮤지컬은 우선
이 '두 작품' 부터

오페라가 클래식 음악을 사용하여 노래 중심으로 진행하는 공연이라면, 뮤지컬은 팝이나 록 등 다양한 장르의 음악을 사용하고 연기와 춤을 포함한 표현들로 진행하는 공연입니다. 뮤지컬을 경험해본 분들은 많을 거예요.

뮤지컬에 익숙하지 않은 사람에게 소개하고 싶은 작품은 먼저 〈오페라의 유령〉입니다. 틀림없는 걸작입니다.

프랑스 작가 가스통 르루Gaston Leroux의 소설이 원작이지만 앤드루 로이드 웨버Andrew Lloyd Webber의 작곡이 훌륭해 〈오페라의 유령〉 하면 음악이 먼저 떠오른다는 사람도 많지요. 너무 멋있어서 피겨스케이팅에서도 많이 쓰이는데, 경기장에 흐르는 곡이 〈오페라의 유령〉투성이가 되는 경우가 있을 정도입니다. 반복해서 공연이 이뤄지고 있고 박력 넘치는 아름다운 음악이 매력적인 걸작이니 기회가 되면 꼭 극장을 방문해보는 것은 어떨까요?

저는 런던의 '폐하의 극장His Majesty's Theatre'에서 봤는데 1705년에 지어진 이 극장은 〈오페라의 유령〉 초연(1986년)이 이루어진 곳입니다. 극장 자체의 아름다움과 연출이 어우러져 감동적이었습니다.

사라 브라이트만Sarah Brightman 주연의 오리지널 캐스트 버전 CD를 듣고 당시의 감동을 되새기곤 합니다. 크리스틴 역은 그녀를 위한 것이라고 알려져 있지요.

〈레미제라블〉도 교양으로 알아둬야 할 뮤지컬 걸작입니다. 원작자가 프랑스의 대문호 빅토르 위고Victor

Hugo이므로 중후함과 안정감을 보증할 수 있습니다. 유명한 극중 노래도 많으며, 특히 〈Do You Hear the People Sing?〉은 혁명의 기운이 느껴지는 명곡입니다.

그리고 〈I Dreamed A Dream〉도 유명합니다. 스코틀랜드 출신 수잔 보일Susan Boyle이 영국 재능 발굴 프로그램 〈브리튼스 갓 탤런트〉에 출전해 이 곡으로 경이로운 노랫소리를 선보였습니다. 그녀는 이 프로그램 출연을 계기로 기적의 데뷔를 이루었습니다. 수잔 보일이 부르는 〈I Dreamed A Dream〉 영상은 검색하면 찾을 수 있으니 꼭 감상해보세요. 한 사람이 용기를 가지고 꿈을 향해가는 훌륭한 기상이 느껴집니다. 뮤지컬이나 영화를 알고서 이 노래를 들으면 한층 더 뭉클합니다.

또 뮤지컬은 계속 새로운 작품이 나온다는 것도 즐길 만한 점입니다. 인기 있는 원작은 뭐든지 뮤지컬로 만드는 요즘의 경향이 재밌습니다. 만화 《북두의 권》, 《테니스 왕자》도 뮤지컬로 제작되었죠. 그밖에 인기 있는 드라마나 소설도 뮤지컬로 만들어지고 있으니 관심 가는 작품을 찾아 발걸음을 옮겨보세요.

세계에서 가장 오래된
연극은 무엇일까?

유네스코 인류무형문화유산으로 지정된 일본의 예술 장르 가부키歌舞伎에 대해서도 잠시 소개해보겠습니다.

가부키는 에도 시대에 발전하여 서민들 사이에서 인기를 얻었던 전통 예능입니다. 화려한 의상과 화장, 미에見得라는 움직임을 멈추는 독특한 동작이 특징이죠. 대사가 매우 재미있어서 17세기에 이렇게 흥미진진한 볼거리가 있었나 싶어 감탄하게 됩니다.

가부키의 단골 작품으로는 〈우이로우리〉가 있습니다. 극중에 유명한 긴 대사가 나오는데 우이로우리(만병통치약을 파는 사람)가 약을 팔기 위해 그 효능을 거침없이 설명하는 입담입니다. 지금도 아나운서가 발음을 훈련할 때 자주 사용합니다.

가부키는 다리와 허리가 중요한 '신체의 예술'입니다. 허리로 지탱하며 깊은 호흡을 할 수 있어야 의젓한 느낌이 듭니다. 여자 역의 남자 배우인 '온나카타女形'가 아름다움을 추구하는 것도 재미 중 하나입니다. 가부키에서는 남자가 여자 역할을 합니다. 여성 고유의 표현을 나타내기 위한 기술을 연마하여 독특한 매력을 선보이지요. 실제로 가부키 작품을 보러 간 적이 있는데 매 순간이 한 폭의 그림일 정도로 아름다웠습니다.

가부키보다 역사가 긴 전통 예능이 노能입니다. 14세기부터 현대로 이어져 오고 있으며, 현존하는 연극으로는 세계에서 가장 역사가 깁니다. 독자적인 양식을 가진 무대와, 가면을 쓰고 춤을 추는 것이 특징입니다.

노의 자세는 '전후좌우로 무한히 당겨지는 균형 속에 서는 것', 걸음걸이는 '긴장을 모아 한 가닥 선처럼 추상화된 걸음걸이를 지향하는 것', 호흡은 '숨은 계속 쉬어도 내장은 전혀 움직이지 않는 것'이라고 표현될 정도로 지극히 정교한 신체 감각이 중시됩니다. 이는 오랜 연습을 통해서 습득한다고 합니다.

서민을 대상으로 생겨난 가부키와 달리, 귀족이나 신에게 바치는 의미를 지니고 있어 초현실적인 세계, 몽환적인 분위기의 미학을 즐길 수 있습니다.

교양으로 알아두면 좋은 영화의 고전

히치콕 감독 작품

영화에서 알아두어야 할 교양 중 하나는 알프레드 히치콕Alfred Hitchcock 감독의 작품입니다. 〈사이코〉(1960년), 〈이창〉(1954년), 〈현기증〉(1958년) 등이 유명합니다. 불안과 공포를 고조시키는 연출이 뛰어나 서스펜스의 신으로 불립니다. 히치콕이 완성한 영화의 문맥은 후세 영화에도 큰 영향을 주었습니다.

프랑스의 영화감독 프랑수아 트뤼포^{François Truffaut}
가 히치콕을 인터뷰한 책《히치콕과의 대화》는 히치콕
의 일류 기술과 생각법을 이야기하고 있어 매우 재미있
습니다. 예를 들어 그는 서스펜스를 서프라이즈와 비교
하면서 이렇게 이야기하고 있습니다.

('서프라이즈'란, 갑자기 테이블 밑에 설치되어 있던 시한폭탄이 폭
발해 깜짝 놀라는 일이라고 전제한 다음에)
'서스펜스'가 생기는 상황이란 무엇인가. 관객은 우선 테이
블 밑의 폭탄이 무정부주의자나 누군가에 의해 설치되어 있
음을 알고 있다. 폭탄은 오후 1시에 터진다. 그리고 지금은
15분 전이라는 것을 관객들은 알고 있다(이 방의 세트에는 벽
시계가 있다).
이 정도의 설정으로 아까 전처럼 시시한 두 사람의 대화가
순식간에 생생해진다. 왜냐하면 관객이 완전히 이 장면에
참가하게 되었기 때문이다. (중략) 즉, 결론적으로는 어떤 경
우든 가능한 한 관객에게 상황을 알려야 한다는 것이다.

또 인상적인 장면에 대해 그 기법을 해설하고 있습
니다. 예를 들어, 〈의혹〉(1941년)에서 남편이 자신을

죽일지도 모른다는 의심에 사로잡힌 아내 쪽으로 남편이 우유를 들고 계단을 오르는 장면이 있습니다. 그냥 우유인데 굉장히 무서운 건 왜일까요? 히치콕은 우유 속에 전구를 넣은 것입니다. 우유를 하얗게 빛나게 하여 강렬한 인상을 준 것이지요.

타르콥스키 감독 작품

소련의 영화감독 안드레이 타르콥스키[Andrei Tarkovsky]는 〈솔라리스〉(1972년)와 〈노스텔지아〉(1983년)가 유명합니다.

타르콥스키의 영화는 예술적입니다. 미술 작품으로 보시는 게 좋을 거예요. 타르콥스키는 '영상으로 된 시'가 있어도 좋지 않을까 하는 생각을 품고 있었습니다. 난해하지만 아름답습니다. 그것을 알고 보면 괜찮지만 모르고 보면 조금 놀랄지도 모릅니다.

제가 영화관에서 〈노스텔지아〉를 봤을 때의 일입니다. 끝나는 순간 관객 중 한 명(아저씨)이 "여러분, 이 영화를 만든 놈은 틀림없이 미쳤을 겁니다!"라고 외쳤지요. 아직도 잊을 수가 없네요.

독자적인 영상미를 추구하기 때문에 그 예술성을

즐기시면 좋겠습니다.

로베르토 로셀리니 <무방비 도시> ──────

이탈리아의 로베르토 로셀리니^{Roberto Rossellini}도 알아두면 좋은 영화감독입니다. 〈무방비 도시〉(1945년)는 제2차 세계대전 중 독일 점령하의 로마에서 있었던 레지스탕스의 활동을 그린 작품입니다. 일반인을 배우로 기용해 리얼리티를 추구했습니다. 당시는 '네오레알리스모^{Neorealismo}'라는, 현실을 리얼하게 묘사하는 조류가 생기고 있던 참이었습니다. 네오레알리스모 중 가장 유명한 작품이 바로 〈무방비 도시〉입니다. 1960년대 프랑스 영화의 흐름이 된 '누벨 바그^{Nouvelle Vague}'에도 큰 영향을 준 것으로 알려져 있습니다.

구로사와 아키라 <7인의 사무라이> ──────

구로사와 아키라^{黒澤明}도 빼놓을 수 없습니다. 세계적으로 존경받는 영화감독이지요. 영화 〈7인의 사무라이〉(1954년)는 너무 걸작이라서 넘어갈 수가 없네요. 할리우드에서 서부극 〈황야의 7인〉(1960년)으로 리메이크되었고, BBC '사상 최고의 외국어 영화' 1위(2018

년)에도 선정되었습니다.

사무라이들이 싸우는 액션 장면이 멋진 데다, 클라이맥스 장면의 폭우에 먹물을 섞는 등 박진감을 더하는 아이디어가 곳곳에 녹아 있습니다. 주연인 미후네 도시로三船敏郎도 박력이 넘칩니다.

제작비와 시간을 많이 들여 만든 영화라서 역동성이 장난이 아닙니다. 보고 있으면 역시 영화는 이래야지 하는 생각이 듭니다.

오즈 야스지로 〈동경 이야기〉

구로사와 아키라의 영화가 역동적이라면, 오즈 야스지로小津安二郎의 영화는 차분합니다. 〈동경 이야기〉(1953년)는 상경한 부모님과 가족들을 담담하고 주의 깊게 그린 작품입니다. 특별히 드라마틱한 일이 일어나는 것도 아니고 조마조마한 전개가 있는 것도 아닙니다.

하지만 가족관계나 장면 묘사가 아름다워 깊은 맛이 있습니다. 영국영화협회BFI가 발표한 '전 세계 감독들이 뽑은 사상 최고의 영화' 1위(2012년)에 선정되었습니다. 필히 교양으로서 알아두면 좋은 영화 중 하나라고 하겠습니다.

유행하는 영화도
놓치지 말자

지금까지 영화의 고전작품을 몇 가지 다루었습니다. 더 소개하고 싶은 영화가 있지만 끝이 없을 듯하군요. 저는 하루에 한 편의 영화를 보는 것이 목표일 정도로 아주 많은 영화를 봅니다. 물론 요즘 유행하는 영화도 봅니다.

〈너의 이름은.〉(신카이 마코토 감독/2016년)도 보러 갔고, 디즈니의 〈겨울왕국〉(제니퍼 리, 크리스 벅 감독/2013년)도 봤어요. 주 관객층과는 많이 달랐지만 나름대로 즐겁게 관람했습니다. 그 밖에는 〈더 퍼스트 슬램덩크〉(이노우에 다케히코 감독/2022년)가 있군요.

유행하는 영화는 시대상을 투영하고 있습니다. 오직 그때에만 느낄 수 있는 분위기 같은 게 있어요. 그러니 가능한 한 신작 영화도 자꾸자꾸 봅시다. 영화 한 편을 제작하는 데 결집된 수많은 사람의 에너지를 느낄 수 있으니까요.

교양이 있는 길을 걷자

이 책은 교양의 기초를 이루는 내용을 많이 준비해서 담았다고 생각하는데 어떠셨는지요. 궁금한 분야가 있다면 순서와 관계없이 먼저 읽어봐도 될 것입니다.

저는 가르치는 학생들을 향해 "여러분에게는 두 가지 길이 있다. 교양이 있는 길과 교양이 없는 길이다. 나는 여러분과 교양이 있는 길을 함께 걷고 싶다."는 말을 자주 합니다.

그리고 읽어주기를 바라는 책들을 차례차례 소개하죠. 그것을 계기로 니체나 노장사상, 인상파 등의 재미에 빠져 스스로 책을 찾아 좀 더 깊게 교양을 쌓는 이들도 많습니다.

'이렇게 멋진 것을 왜 여태 몰랐을까!'라는 생각에, 그 예술가의 작품을 모조리 감상하고, 한 문학가의 전집을 사 모아 읽고 싶다는 욕심이 생깁니다. 시간이 부족하게 느껴질 정도입니다. 이런 상황까지 오면 인생은 즐거운 일로 가득 차게 되죠.

뭔가 하나에 깊게 빠져도 재미있지만, 거기에 한층 폭넓은 교양을 익히면 지식이 서로 연결되어 확장됩니다. 세상을 바라보는 시각도 바뀔 것입니다.

교양을 갖추면 희망이 보인다

이 책에서 소개하고 있는 다섯 가지 주제의 교양을 갖추면 대부분의 이야기를 좇아갈 수 있습니다. 대화 수준도 올라가죠.

교양이 있는 사람끼리는 깊은 공감을 할 수 있는 법입니다. 저는 대학생 무렵부터 교양에 푹 빠져 살았습니다. 철학, 예술, 문학 등을 주제로 친구들과 이야기를 나누고 "맞아, 맞아!" 하며 공감하는 충실한 시간을 보냈습니다.

이야기를 나눌 만한 동료가 없는 사람은 SNS 댓글이라도 상관없습니다. 모차르트의 〈돈 조반니〉에 대해 이야기하고 싶을 때, CD 리뷰를 보면 전문가의 코멘트를 찾아볼 수 있습니다. 그걸 보고 '맞아, 맞아!' 하고 공감해도 즐겁습니다.

뿐만 아니라 자기 긍정감이 향상되고, 동시에 타자 긍정감, 인류 전체에 대한 긍정감이 올라가는 느낌이 듭니다. '이렇게 공감할 수 있구나! 서로 이해할 수 있구나!' 싶어서죠.

그래서 교양을 익히면 비관적이 되지 않고 다소 낙관적이 됩니다. 역사를 배우다 보면 세상에 대해 어두운 기분을 느낄 때도 있습니다. 하지만 그 속에서도 희망을 찾을 수 있는 것이 교양의 장점 중 하나입니다.

이 책이 교양이 있는 길의 입구가 되고 희망으로 가는 길을 밝히는 불빛이 된다면 더할 나위 없겠습니다.

그럼 함께 '교양의 길'을 걸어봅시다!

옮긴이 신 찬

인제대학교 국어국문학과를 졸업하고, 한림대학교 국제대학원 지역연구학과에서 일본학을 전공하며 일본 가나자와 국립대학 법학연구과 대학원에서 교환학생으로 유학했다. 일본 현지에서 한류를 비롯한 한·일간의 다양한 비즈니스를 오랫동안 체험하면서 번역의 중요성과 그 매력을 깨닫게 되었다고 한다. 현재 번역 에이전시 엔터스코리아에서 출판 기획 및 일본어 전문 번역가로 활동 중이다. 주요 역서로는《다 팔아버리는 백억짜리 카피 대전》,《나는 죽을 때까지 나답게 살기로 했다》,《예민한 게 아니라 섬세한 겁니다》,《사격의 과학》,《마음을 여는 듣기의 힘》외 다수가 있다.

지적인 어른을 위한 최소한의 교양수업

초판 1쇄 발행 · 2024년 3월 20일
초판 4쇄 발행 · 2024년 4월 30일

지은이 · 사이토 다카시
옮긴이 · 신찬
발행인 · 이종원
발행처 · (주) 도서출판 길벗
브랜드 · 더퀘스트
주소 · 서울시 마포구 월드컵로 10길 56 (서교동)
대표 전화 · 02) 332-0931 | **팩스 ·** 02) 323-0586
출판사 등록일 · 1990년 12월 24일
홈페이지 · www.gilbut.co.kr | **이메일 ·** gilbut@gilbut.co.kr

책임 편집 · 송혜선(sand43@gilbut.co.kr) | **제작 ·** 이준호, 손일순, 이진혁, 김우식
마케팅 · 정경원, 김진영, 김선영, 최명주, 이지현, 류효정 | **유통혁신 ·** 한준희
영업관리 · 김명자, 심선숙 | **독자지원 ·** 윤정아

디자인 및 전산편집 · STUDIO BEAR
CTP 출력, 인쇄 · 예림인쇄 | **제본 ·** 경문제책

ISBN 979-11-407-0898-7 03100

(길벗도서번호 040282)

정가 18,800원

인스타그램 www.instagram.com/thequest_book
페이스북 www.facebook.com/thequestzigy
네이버 포스트 post.naver.com/thequestbook